histórias para quem dormir?

Edição original TAINÃ BISPO
Preparação de originais JULIANA FERRARI (MADAME KAHINA)
Coordenação editorial JADE MEDEIROS
Edição de texto LUCIANA FIGUEIREDO
Revisão para linguagem inclusiva KAROLINE MELO
Revisão FERNANDA GUERRIERO ANTUNES
Diagramação e capa VANESSA LIMA
Ilustrações de capa e miolo TAINAH NEGREIROS
Edição revisada LIZANDRA MAGON DE ALMEIDA
Assistentes editoriais MARIA FERREIRA E KAREN NAKAOKA

Dados Internacionais de Catalogação na Publicação (CIP)
(Câmara Brasileira do Livro, SP, Brasil

Aun, Nicole
Histórias para quem dormir? : expondo os contos de fadas para despertar / Nicole Aun, Alessandra Rodrigues ; ilustrações Tainah Medeiros. -- São Paulo : Editora Jandaíra, 2025.

ISBN 978-65-5094-144-4

1. Contos de fadas - Crítica e interpretação
2. Cultura 3. Feminismo 4. Patriarcado 5. Princesas
I. Rodrigues, Alessandra. II. Medeiros, Tainah.
III. Título.

25-255584 CDD 398.2

Índices para catálogo sistemático:
1. Contos de fadas : História e crítica 398.2
Eliane de Freitas Leite - Bibliotecária - CRB 8/8415

jandaíra

Rua Vergueiro, 2087 cj. 306 • 04101-000 • São Paulo, SP
11 3062-7909
editorajandaira.com.br
Editora Jandaíra
@editorajandaira

www.movimentoatrevase.com

histórias para quem dormir?

expondo os contos de fadas para despertar

NICOLE AUN e
ALESSANDRA RODRIGUES

ILUSTRAÇÕES:
TAINAH MEDEIROS

TRE-VA-SEI

jandaíra

SUMÁRIO

Para todas as mulheres do Movimento Atreva-se.
Para as que vieram antes, para as que virão depois.
Para os espaços que nos acolhem.
Para cada uma das pessoas que participaram do (per)curso
que fizemos sobre as princesas e que resultou neste livro.
Para cada uma das mulheres que aceitaram
escrever um pouco deste livro com a gente.
Para Joana.
Para Manuela.
Para Lina.

uma acorda e desperta a outra: leituras coletivas de contos de fadas

POR BEL SANTOS MAYER

A noite não adormece
nos olhos das mulheres
há mais olhos que sono
onde lágrimas suspensas
virgulam o lapso
de nossas molhadas lembranças.
CONCEIÇÃO EVARISTO[1]

Recebi o livro *Histórias para quem dormir?*, de Nicole Aun e Alessandra Rodrigues, após aceitar, com muita honra, prefaciá-lo. Li sem pular uma só linha. Passei por cada nota explicativa. Parei para rever trechos de filmes indicados. Destaquei termos e trechos. Fiz anotações. Demorei-me voltando algumas páginas e décadas só para reencontrar o rosto e a voz de mulheres ainda meninas e outras que chegaram antes que passaram por minha vida de ativista dos direitos humanos e da leitura.

Encontrei histórias irmãs das que abrem cada capítulo, cada conto, vereda, janela, fresta. Encontrei-me muitas vezes com a vibração inconfundível da voz de Nicole Aun, em três temporadas do podcast do Movimento Atreva-se. Algumas vezes me peguei sorrindo e gargalhando como no dia em que eu e outras mulheres estivemos em roda, numa biblioteca comunitária de Parelheiros, boquiabertas diante dos seus olhos brilhantes e gestos intensos.

O fato é que desde que ouvi algumas das histórias relatadas por Nicole, e que agora chegam à tela e ao papel, o verbo "desvelar" se materializou para mim, carregando consigo o

1 Evaristo, Conceição. **Poemas da recordação e outros movimentos.** Belo Horizonte: Nandyala (coleção Vozes da Diáspora Negra, Volume 1), 2008, p. 21.

"desmantelar" como sinônimo. No dicionário,[2] "desvelar" (verbo transitivo direto, pronominal e intransitivo) tem entre seus significados: privar do sono; impossibilitar o sono; fazer com que seja revelado ou elucidativo. Por sua vez, "desmantelar" (verbo transitivo direto) é assim definido: ocasionar a ruína; fazer com que algo desmorone; decompor de maneira que deixe de estar montado, coeso ou equilibrado; "fazer com que algo perca o equilíbrio; deixar de possuir coesão; desmanchar o que está montado: desmantelar uma estrutura". "Desmantelar" é, também, verbo conjugado com pronome oblíquo: desmanchar-se, desarranjar-se, desmoronar-se.

Ao ouvir as histórias de princesas e as pertinentes perguntas de Nicole Aun, aprendemos mais sobre as regras de um jogo cheio de armadilhas. Muito vai sendo desvelado, desmantelado sobre os tradicionais contos de fadas adaptados pelos Estúdios Disney, e que são um (in)feliz dispositivo de transmissão do patriarcado capitalista, para controlar nossos corpos, nossas corpas.

Passei (e ainda passo) dias falando sobre o que li, ouvi, vi a partir desse nosso encontro. Queria (quero) que muitas outras mulheres, meninas, adultas, idosas, educadoras, estudantes, (trans)formadoras, ativistas ou em descanso pudessem (possam) ouvir essas histórias, conversar sobre elas e se juntar ao "nosso projeto". "Qual projeto!? O desmantelamento do patriarcado capitalista?" Talvez! Mas, sobretudo, o projeto de feminizar nossas práticas educativas para impedir que muitas de nós, que qualquer uma de nós, que apenas uma de nós se desmanche, se desarranje, se desmorone sozinha, abandonada, isolada, tendo que contar

---

2 Foram consultados os dicionários on-line **Dicio: dicionário online de português** (acesso on-line em: dicio.com.br) e *Oxford languages* (acesso on-line em: https://languages.oup.com/google-dictionary-pt/).

com substâncias mágicas e com as próprias forças (como nos contos de fadas) para afastar a violência e a violação de direitos.

Neste livro, transparece que as autoras são especialistas em dissecar as múltiplas formas de o patriarcado se manifestar, adequar e perpetuar. Elas não se dedicam, exclusivamente, a compartilhar uma leitura crítica das histórias que encantaram e encantam mulheres de distintas gerações. Na obra, analisam as formas que esses contos se disseminam por diferentes classes econômicas, gêneros, cor/raça/etnia, origens geográficas, idades, causando danos distintos a partir dessas diversidades, uma vez que os Príncipes Encantados estão compactuados com modelos de sociedade machistas, racistas, misóginos, etaristas, patriarcais e capitalistas.

Se é verdade que os dispositivos patriarcais se disseminam por diferentes instituições e veículos, é louvável a importância que o Movimento Atreva-se e as autoras dão à escola. Na escola está a promessa constitucional[3] do direito à educação: a obrigatoriedade da oferta de vagas pelo Estado; a responsabilidade das famílias na garantia de matrícula e frequência; a intencionalidade e a continuidade para garantia dos conhecimentos; o compromisso constitucional com a democracia, a justiça social e a superação das desigualdades.

Ou seja, a escola é um espaço com muitas potências, ainda que para muitas crianças (a maioria delas) este seja o terreno das primeiras experiências de reprovação de suas identidades. No espaço escolar, há meninos perseguidos por serem "afeminados",

---

3 O direito à educação no Brasil, incluindo o acesso às escolas públicas, está assegurado na Constituição Federal de 1988, na Lei de Diretrizes e Bases da Educação Nacional (LDB 9394/1996), no Estatuto da Criança e do Adolescente (ECA - Lei 8.069/90) e em diversas declarações de conferências em que o Brasil é signatário.

crianças negras preferindo "brincar sozinhas" enquanto colegas se divertem em conjunto e sendo ridicularizadas pela textura dos seus cabelos. E sob o silêncio de pessoas adultas, muitas dores vão sendo silenciadas e interpretadas como timidez.

Neste livro, escutamos os silêncios com um ouvido nas "histórias encantadas" das princesas e outro nas "histórias da vida vivida" de mulheres reais. E, como nos versos de Conceição Evaristo, vamos puxando lembranças feito "lua-fêmea, semelhante nossa, [que] em vigília atenta vigia a nossa memória".

Ao visitar as memórias, chegamos nas morais das histórias, nos contos sagrados, nos exemplos aterrorizantes, nas surras, no confinamento no espaço doméstico para aprendermos a "nos guardar" e a sermos boas meninas, boas filhas, boas esposas, boas mães, boas cuidadoras do pai, da mãe, dos filhos e filhas, dos netos e netas... cuidadoras do mundo, enquanto víamos os meninos serem ensinados, com a pornografia e a rua, a serem "homens" (príncipes???). Nesse jogo, vai se elucidando uma assimetria acentuada, que nega a sexualidade às meninas e a estimula nos meninos. Cabendo às mulheres esperar que alguém a satisfaça. Lutar para manter esse alguém. E achar normal que se rime "amor" e "dor".

As histórias que aqui estão nos convidam para uma dança entre as histórias pessoais e as coletivas. Partindo de pergunta tais como: "Por que nos submetemos a homens violentos?" "A quem interessa nos manter com medo?" "Para que tantos Príncipes Encantados?" "É sério que as mulheres devem sempre desconfiar de outra mulher?" "A inveja e a rivalidade são o nosso destino?" "A quem interessa nos enfraquecer e dividir?" "Quem se beneficia do patriarcado e do capitalismo?" Perguntas que deixam latentes a atenção às micro e às macrocenas do patriarcado capitalista.

Sabíamos, desde sempre, que as leis sozinhas não conseguiriam nos tirar do abismo da violência de gênero. Sabemos que é preciso pensar, criar, reinventar estratégias para que o tema ocupe a centralidade necessária. Não deveríamos dormir tranquilamente enquanto aumentam os casos de feminicídio no país, como ocorreu em 2022, quando tivemos 1,4 morte motivada pelo gênero, com aumento de 5% com relação ao ano anterior.[4] Apenas em 1º de agosto de 2023 o Supremo Tribunal Federal (STF) declarou a tese de "legítima defesa da honra"[5] como inconstitucional. Ou seja, até essa data, um "príncipe" que matasse ou agredisse sua "princesa" por ela ter cometido adultério teria seu comportamento aceito, justificável, afinal...

Cientes de tudo isso e um mais pouco, as autoras desenvolveram uma grande expertise em jogos que problematizam, abrem perguntas, aprofundam, questionam, articulam o literário, o poético e o político, dando novas formas a velhas lutas. Se o capitalismo se serviu da força, da ciência, da fé, das leis e do patriarcado para dominar a saída desse sistema, exigirá criatividade e muitos esforços coletivos. Ouso dizer, sem exagerar, que este livro dá passos imprescindíveis nessa direção.

Com humor por vezes ácido, com ritmo, embasamento teórico, diversidade de fontes de pesquisa (textos acadêmicos clássicos e contemporâneos, literatura, cinema, jogos), Nicole Aun e Alessandra Rodrigues olham no fundo dos nossos olhos, respiram pertinho de nós e convidam: "Vem com a gente?". E estendem a mão para desmontarmos as armadilhas do patriarcado. É um livro que conta conosco na construção de uma sociedade que aposta

4 Dados do Monitor de violência do G1, publicado em 08 mar. 2023.

5 Tese da legítima defesa da honra é inconstitucional, de 1º ago. 2023. Disponível em: portal.stf.jus.br/noticias. Acesso em: 03 ago. 2023.

na docilidade feminina para transformar monstros em príncipes ao passo que educa meninos para serem feras.

Pois bem, está feito o convite, dado o empurrãozinho, estendida a mão, a presença inteira para ultrapassar as fronteiras das desigualdades de gênero. Se do capitalismo podemos esperar soluções fáceis, disfarçadas de complexas, como a adequação dos produtos da indústria de entretenimento às reivindicações sociais (vide a dose de melanina e independência atribuída às

princesas e príncipes para incluir mais diversidade), não precisamos consumi-los inocentemente, como "produto inovador"; pode se tratar de uma melhor embalagem carregada dos tradicionais estereótipos. A esse respeito, dizem as autoras: "Não acreditamos que quem se beneficia do patriarcado capitalista, como a indústria do entretenimento, tenha interesse em combatê-lo" (p. 193).

Depois dessa leitura, parece impossível ler e ouvir os contos de fadas da mesma forma ou não se sentir minimamente responsável por romper esse perverso círculo vicioso que tenta determinar os lugares das mulheres e os lugares dos homens. Para elas, o cuidar; para eles, o ser cuidado. Vale dizer que este livro é sobre cuidado. É preciso superar ideias banalizadas de "cuidar", que associam a troca de serviço doméstico por afeto. Ou autocuidado como bem-estar individual proporcionado por outra mulher, sobre a qual pouco importa a condição de vida. O cuidado e o autocuidado ganham uma dimensão prática e política. O cuidado como acolhimento, escuta, proteção, inclusive, do imaginário de futuro de todas as meninas.

O convite está feito e pressupõe não delegar a tarefa às mães, tias, primas, professoras, ativistas, uma vez que o assunto diz respeito a todas, todos e todes. Leia, concorde, anote, discorde, debata, acesse as referências indicadas no decorrer do livro e busque outras. Apoie esse movimento para que os jogos "Nomear para combater" e "Histórias para quem dormir?" cheguem a mais escolas e coletivos. Compartilhe o seu livro, envie um exemplar para quem possa multiplicar esse debate. Precisamos de muita gente para desmantelar as armadilhas que nos espreitam. Merecemos dormir mais e melhor.

BEL SANTOS MAYER é educadora social, ativista da área do livro, leitura, literatura e bibliotecas, coordenadora do IBEAC e cogestora da Rede LiteraSampa.

prefácio

POR ABHIYANA

Não fui uma criança afeiçoada por contos de fadas; os vestidos, as músicas, aquela babaquice toda, nunca me convenceram. Estava mais interessada em comer caca de nariz, andar de bicicleta, mexer na periquita, brincar de "polícia e ladrão". Gostava de ser o ladrão.

Aos 15 anos, cortei meu cabelo bem curto e risquei a cara com gilete pra ficar com cicatriz. Queria ser diferente. Ser mãe nunca fez parte dos meus planos. Casar-me só entrou em pauta, quando, por um período, me enfiei dentro de uma igreja evangélica, e me contaram que era pecado transar antes do casamento (é cada narrativa, misericórdia!). Desesperada com tal informação, aos 17 anos, tratei de ficar noiva, de aliança e tudo. Precisava dar um jeito de viabilizar meus anseios sexuais. Até perceber que não cabia no mesmo pote ser crente e desejar ardentemente explorar a minha sexualidade. Quando saí da igreja, descambei geral. Me tornei escritora de literatura erótica, puta, atriz e atriz pornô.

Durante muito tempo, achei que estava ilesa da ideia de que ser *feliz para sempre* dependia exclusivamente de encontrar um macho-encantado. Ledo engano. As narrativas cagadas pelo patriarcado — até que a gente acorde e vire a mesa — estão fodidamente encrustadas em nós. Gostemos ou não dos contos de fadas.

Já mais velha e desiludida com as "treta" da vida, ainda insistindo em viver fora da curva, descubro em mim uma busca silenciosa pela porra do príncipe. O desejo de ser a escolhida da tal "prateleira do amor" estava lá. O pânico de ser trocada por uma mulher mais jovem ainda reverbera. O medo de ser abandonada numa floresta (ou numa cama) deveras procede. A dor de ser mulher não perdoa nem as mais rebeldes. É muita crueldade. O que fizeram com as nossas cabeças?

Pior é sentir na pele, no dia a dia, na luta, no desejo de concretizar projetos e fazer nosso rolê acontecer, que esses pequenos grandes medos sugam o nosso vigor, deixam a visão turva, dá uma espécie de tonteira que não nos permite ficar em pé como se deve, de peito aberto, cheias de marra, garra e buçanha molhada!

Quando convidei Nicole para dar uma entrevista para o podcast *Textos Putos* (inclusive, foi o episódio[1] mais compartilhado), um abismo se abriu diante de mim (e de tantas outras mulheres!). Nos demos conta do emaranhado em que estávamos inseridas! E do quanto os contos de fadas, enraizados em nós, afetam negativamente os nossos movimentos e desejos. Por mais dolorido que seja, demos início a um "acordamento" que há tempos nos aguardava.

Olga Rinne, em seu livro acolhedor *Medeia: A redenção do feminino sombrio como símbolo da dignidade e sabedoria*, nos alerta para algo que é muito comum acontecer: "Nossas fantasias de amor podem nos encher de insuspeitadas energias e dar-nos coragem para empreender façanhas, mas também podem se tornar a nossa fatalidade, quando amarram as nossas forças, prendendo-nos aos papéis tradicionais dos sexos e impedindo-nos de desenvolver autonomia e autorrealização".

---

1 "Parecia que era amor". **Textos Putos**, 2022, episódio 29. Disponível em: https://open.spotify.com/episode/2IKrGoXzgYNInknkNV91wo.

Condicionaram-nos a não valorizar os nossos sonhos, desejos e realizações. Fizeram-nos acreditar que somos frígidas, incapazes e tantas outras baboseiras. Minaram a nossa autoconfiança!

Narrativas que servem a quem?

Sabem que, conscientes da nossa potência e sexualidade, somos selvagens, bruxas, insubmissas, deusas, indomáveis. Assaz poderosas!

Me toca muito a pergunta de Sohaila Abdudali citada neste livro: "Que mundo a gente pode construir ainda, se as mulheres não passassem grande parte de suas vidas sobressaltadas e com medo?"

Nicole Aun, em *Nomear para combater: Uma tentativa de organizar a raiva para virar pensamento*, nos alerta para a força e dimensão de uma narrativa: "Sabe o que as pessoas do teatro fazem quando uma peça não dá certo? Quando uma história não nos serve, nós encerramos o espetáculo, baixamos as cortinas, agradecemos à plateia e voltamos para coxia para pensar em uma nova história que nos interessa contar. Fazendo teatro eu descobri que é possível escolher a história que queremos contar".

Porra! Podemos escolher narrativas melhores! Narrativas que gerem vida, justiça, liberdade, direitos, igualdade, diversidade, respeito, alegria, gozo, coragem, arte, floresta.

Isso é gigante! Afofa o coração e muda o mundo.

Vida longa ao Movimento Atreva-se!

ABHIYANA é conselheira sexual,
atriz, publicitária, criadora do podcast *Textos Putos*
e autora de três livros sobre sexualidade

sobre o atreva-se e os jogos “nomear para combater” e “histórias para quem dormir?”*

* Todo o conteúdo das autoras passou por um trabalho de revisão para que estivesse com linguagem inclusiva. Entretanto, os depoimentos não foram alterados visando manter a fidelidade das falas de quem participou das entrevistas.

Somos um movimento feminista formado por profissionais das mais diversas áreas e temos como objetivo construir ferramentas para nomear e combater o machismo do cotidiano. Sabemos que não só as desigualdades de gênero, mas também as de raça, estão em todas as esferas sociais, pois são elas que sustentam e corroboram o sistema patriarcal capitalista. Entendemos os feminismos como ferramentas políticas que podem viabilizar uma sociedade em que o lucro saia do centro das nossas relações. Acreditamos que relações pautadas no cuidado viabilizam um mundo onde teremos autonomia para exercer uma política de vida — tão distante, hoje, da política de morte criada pela lógica capitalista.

Sabemos que muitos são os ambientes que valorizam esse olhar do Atreva-se, mas poucos lugares são tão passíveis de transformação como a escola, mesmo que também possa ser um meio mantenedor de velhos conceitos. Nela, é possível coexistirem situações conservadoras e transgressoras. Portanto, é o espaço ideal para nomear e combater as desigualdades de gênero, proporcionando transformações à própria escola e a toda comunidade escolar, questionando e revelando velhas práticas que mantêm o *status quo* e, ao mesmo tempo, propondo e reinventando formas de existir e coexistir. Por isso, escolhemos a sala de aula como o nosso principal campo de atuação.

Então, criamos o jogo "Nomear para combater", em que as pessoas que estão jogando são divididas em pequenos grupos e criam histórias a partir de cartas sorteadas com os elementos "ambiente", "fato" e "personagens". Cada grupo sorteia três cartas de cada elemento. Em seguida, escolhe cinco cartas das nove sorteadas e conta uma história que *revele* o machismo juntando esses elementos. Depois dessa primeira parte, os grupos trocam até três cartas e contam uma história *de combate* ao machismo. A partir dessas histórias, conversamos sobre o machismo estrutural. O objetivo do jogo, portanto, é revelar e nomear as situações machistas do cotidiano que vêm à tona a partir de narrativas criadas pelos próprios estudantes. Depois de tempos jogando esse jogo, criamos um segundo, dessa vez focado da construção do amor romântico, o "Histórias para quem dormir?".

Esse jogo é inspirado no clássico "Quem sou eu?", em que quem está jogando precisa descobrir quem é o personagem que o restante do grupo já conhece, e para isso recebe uma lista de perguntas que deverão ser feitas em sequência para o grupo. A diferença da nossa versão é que usamos as princesas dos Estúdios Disney como dispositivo para aguçar a percepção dos grupos para a construção dos signos de poder no nosso imaginário, além de alertar para o fato de que as histórias contadas para nós desde muito cedo colaboram com a construção de um imaginário muito machista, que relaciona amor com diversos tipos de violência praticados contra mulheres, sejam físicas, sejam psicológicas.

Nossas ações acontecem desde 2017, viabilizadas por um financiamento coletivo. Desde então, já estivemos em mais de cinquenta escolas, em diversas cidades do estado de São Paulo e do Rio Grande do Sul. E já impactamos cerca de seis mil estudantes dos anos finais do Ensino Fundamental, do Ensino Médio, do EJA e universitários. Além de atuar nas escolas como um todo — envolvendo equipe docente, funcionários e gestão escolar —, organizamos rodas de conversas, grupo de estudos, oficinas, palestras, curadoria artística, conteúdo para as redes sociais e produzimos o podcast do Atreva-se, entre outros projetos.

A partir do "Nomear para combater", nos demos conta da importância das narrativas das princesas dos contos de fadas no imaginário e no cotidiano de crianças e do quanto essas histórias permanecem vivas nas histórias também de pessoas adultas. Diante disso, colocar as experiências com o jogo em um livro foi um caminho quase natural.

Histórias para quem dormir?: Expondo os contos de fadas para despertar chega como mais um pacote antipatriarcal, porque o que importa é criarmos espaços, brechas, frestas e usarmos todas as chances para incomodar, para mudar as coisas de lugar. Juntas e com as ferramentas certas, nossa luta fica mais consistente e chegamos mais longe.

sobre este livro

Este livro foi pensado e escrito a partir de trabalho, pesquisa e discussões das ativistas do Movimento Atreva-se, Nicole Aun e Alessandra Rodrigues. Mas é muito importante dizer que essa escrita tomou a forma que desejamos com a contribuição de muitas outras mulheres. Portanto, gostaríamos de agradecer à Juliana Ferrari (Madame Kahina), que não só nos ajudou a organizar e estruturar nosso pensamento, mas que também foi a responsável por nos mostrar que, para ficar como sonhávamos, o livro precisaria dessas outras mãos de mulheres.

Ela nos perguntou: "Como esses contos de fadas chegam nas pessoas? Como seria convidar algumas meninas e mulheres para nos falar deles a partir de suas memórias e afetos?". E assim fizemos. Cada princesa elencada conta com o comentário de uma ou mais meninas e mulheres, que nos lembram que essas narrativas, sejam em livro, sejam em filme, só são perigosas porque ocupam um espaço muito significativo na vida de cada uma de nós, um espaço de cuidado e de afeto. Não queremos, no entanto, que as reflexões propostas desconsiderem essas memórias, ao contrário. Queremos construir novas memórias e novas subjetividades a partir também dos nossos afetos e dos nossos lugares de pensamento.

Desejamos que este livro ajude a construir um espaço de acolhimento em que caiba o pensamento crítico e no qual possamos nos divertir juntas. Viva as memórias que temos e, principalmente, viva as memórias que nós criaremos!

as princesas clássicas

As histórias que nos fizeram dormir agora podem nos fazer despertar

Os contos de fadas ocupam o imaginário popular há séculos e séculos. Atravessam gerações e transitam em diversas camadas das diversas sociedades com tradição oral. Surgem conforme a necessidade de narrar essa ou aquela história, dar como natural esse ou aquele comportamento. Apresentam-se ora para refletir sobre as profundezas da alma humana, ora para dar um limite. Dizem que as histórias existem e nos narram desde que o mundo é mundo.

Os contos de que tratamos aqui já foram histórias contadas ao pé do ouvido, em rodas, no cotidiano. São frutos de culturas eurocêntricas que constroem e revelam costumes, determinam comportamentos. Assim como nos dias de hoje. Principalmente no final do século 18 e início do século 19, essas histórias, que ficaram tão famosas a ponto de se tornarem indissociáveis da infância de gerações, foram coletadas e viraram livros pelas mãos dos Irmãos Grimm, de Charles Perrault, de Hans Christian Andersen.

Em sua essência, as histórias não eram palatáveis. O que chamamos hoje de "histórias originais" — que, no fim, são os contos como foram registrados — eram sombrias e assustadoras, e não eram para crianças. Maria Tatar, Bruno Bethlem, Karin Hueck são pesquisadores contemporâneos que se dedicaram a compreender o conto de fadas sob o ponto de vista da psicanálise, dos arquétipos, de seus registros históricos e de sua relação intrínseca com o modo como atuamos no mundo. Depois da compilação, o formato desses contos populares foi se modificando de acordo com as transformações sofridas pelas sociedades, especialmente as ocidentais — que incluem uma mudança de olhar para a infância e a invenção do conceito de adolescência —, até chegar a um que coubesse nas salas de cinema e nas nossas casas. O responsável por esse desfecho tem nome e sobrenome e, não por acaso, é um homem branco, hétero e cisgênero: Walt Disney.

As princesas — e os príncipes, diga-se — recriadas por Mr. Disney na primeira metade do século 20 a partir dos contos populares e de fadas compilados pela turma de Andersen — que hoje dá nome ao principal prêmio da literatura mundial para crianças e jovens, veja! —, que vêm servindo de modelo para gerações de crianças ocidentais e se instalando na memória afetiva de seus "eus" adultos, são o nosso marco zero neste livro para desvendar algumas das armadilhas que o patriarcado capitalista usa para que as mulheres se enredem em suas tramas e ainda chamem isso de natural.

O patriarcado se instituiu bastante tempo antes do capitalismo, mas os dois conceitos deram um "match" e, desde que se encontraram, nunca mais se largaram. Hoje, se utilizam das mesmas ferramentas para continuar sendo a ideologia vigente. Enquanto produtora de conteúdo a ser consumido, a indústria do entretenimento se torna uma ferramenta patriarcal e capitalista quando é utilizada para apresentar uma realidade heteronormativa, cisgênera, branca e eurocêntrica como universal. Diante disso, entendemos como uma das maneiras de derrubarmos o patriarcado capitalista o rompimento definitivo com a noção de universalidade apostando nas fricções de narrativas. Convidamos a uma experiência de vida calcada no que existe entre os pontos de vista e que não seja determinada pela "história única", como já falou tão lindamente a escritora Chimamanda Ngozi Adichie.

Foi com um jogo do Atreva-se na ONG Gerando Falcões, em Poá, município da Grande São Paulo, que começamos a falar sobre as princesas da Disney. Fizemos uma pergunta: "Onde as meninas aprendem a construir o imaginário de amor romântico?". A turma que estava lá respondeu: "Nas princesas dos filmes!". "E os meninos? Onde os meninos começam a criar a ideia de relação amorosa?" Revelamos para a plateia que é na pornografia. Então, logo percebemos uma construção das funções de gênero completamente distorcida. Ambas se aproximam pelo aprisionamento da subjetividade, do imaginário.

Nos contos de fadas dos estúdios de Hollywood, aprisiona-se a subjetividade no que diz respeito ao que é *amar*. Os filmes ensinam um jeito certo de amar, definem o que é o amor e como se manifesta. O amor é monogâmico, branco, cisgênero, encantado. Nesse amor, todas as meninas são felizes, fazendo seus trabalhos domésticos com a ajuda dos amigos passarinhos. É assim.

Da mesma forma, a pornografia tradicional aprisiona nossas experiências com o sexo e com a sexualidade em um formato fechado com regras bem nítidas. E é esse formato que deve ser reproduzido em termos de prazer, de performance, de experiência. O corpo do homem é o centro de todas as nossas relações. Aprende-se com a pornografia que o sexo serve ao que é branco, masculino, violento. Aprende-se que o sexo subjuga, que torna o outro servil, disponível. A pornografia também está inserida na indústria do entretenimento e tem a capacidade de aprisionar a subjetividade, de aprisionar o imaginário.

No fim das contas, filmes da Disney e pornografia se utilizam de mitos e arquétipos que igualmente serviram à

construção do imaginário patriarcal. O perigo é que a ideia de arquétipo serve para a narrativa da naturalização. Assim como a biologia serve para a mesma proposta de naturalização. Já ouvimos coisas como: "Ah, mas aí já é demais, feminino e masculino são energias universais". E assim se encerra o assunto para não precisarmos pensar sobre as alternativas ao chamado "universal".

Mas, como aprendemos com o Frantz Fanon, psiquiatra preto e martinicano, o inconsciente coletivo do psiquiatra suíço Carl Jung é branco. Então, mesmo quando se fala sobre arquétipos nos contos de fadas com princesas, estamos falando sobre um arquétipo branco, nórdico, rico. O mesmo serve para as tais definições de "masculino" e "feminino" que colocam o feminino como acolhedor e o masculino como guerreiro — o que é bem conveniente para o patriarcado.

Foi em um jogo, dessa vez com pessoas adultas, no Centro Integrado de Educação de Jovens e Adultos (CIEJA) do Butantã, que uma mulher nos despertou para a relação direta entre afeto e violência nos filmes de princesas. Até aquele momento, tratávamos a violência e a afetividade como eventos que se dão em momentos distintos. Era como se a violência saísse e o amor entrasse e vice-versa. E essa mulher puxou o nosso tapete...

Olha, eu tive uma relação muito violenta com a minha mãe, a pessoa que mais me violentou na minha vida foi a minha mãe e eu me apaixonei por um homem em determinado momento da minha vida e esse homem foi quem me mostrou que eu tinha força o suficiente para sair da relação com a minha mãe. Ele me resgatou, e esse mesmo homem passou a me bater, e esse homem que me batia era o mesmo homem que me trazia remédio quando estava com cólica. Que dizia que me batia porque me amava muito, que não me deixava sair porque queria cuidar de mim.

Essa fala foi um baque. Então, começamos a debater muito sobre esse momento em que a violência e o afeto ocupam o mesmo lugar. Sabemos que não é isso, sabemos que uma relação de violência NÃO é uma relação de amor, mas na nossa subjetividade é, sim. No nosso imaginário, em que estão as crenças e os valores que formam a nossa identidade, é muito possível desejar casar com um homem que nos trancou num castelo, nos privou de todas as nossas relações, que nos adoeceu a ponto de conversarmos com um bule e ele nos responder, assim como a Fera fez com a Bela. Esse imaginário é um dos responsáveis por fazer com que a gente nomeie como afeto o que é violência.

Muitas adolescentes e muitas mulheres adultas também falam:

"Ele estourou comigo porque ele me ama."

"Ele é muito ciumento porque ele me ama."

"Ele regula os meus amigos porque ele me ama."

"Ele não me assume porque eu sou demais para ele, ele não está preparado."

"Ele não me assume porque a ex-mulher dele é louca."

"Ele não está comigo porque ele é fraco."

(Preencha com quantas verdades mais você quiser.)

Passamos a transformar essas manifestações de violência em manifestações de afeto para que possamos viver com o "príncipe". A fotografia desfocada na qual afeto e violência se confundem é produto dos elementos que compõem o patriarcado capitalista: machismo, branquitude, cisgeneridade, heteronormatividade. É nesse formato de amor que a mulher se sacrifica, que tem que disputar, aguentar, cuidar, suportar, tolerar e relevar.

Pode parecer que estamos falando de um grande complô, como se houvesse um grupo de pessoas decidindo quais são os signos de poder e quem os porta. Como nos faz refletir a psicóloga e ativista Cida Bento, no livro *O pacto da branquitude*, não é que cinco pessoas brancas estejam trancadas numa sala decidindo coisas às cinco da manhã, mas é um pouco isso. É possível imaginar cinco ou seis pessoas na sala de reuniões falando: "Como é que nós vamos fazer para criar algo que sirva para que as lógicas de poder continuem as mesmas?".

O patriarcado capitalista vai conseguindo construir lógicas de privilégio segundo as quais ter um corpo que representa poder significa ter um corpo apto a subjugar o outro. Então, quanto mais próximo desses signos de poder uma pessoa estiver, mais privilégios de classe, raça e gênero essa pessoa terá.

Usamos uma dinâmica muito didática nas escolas para que os adolescentes possam entender esse conceito. Perguntamos para um menino: "Você pode acordar de manhã com toda honra e orgulho da sua vida e gritar 'eu não vou estuprar ninguém hoje'?". O menino responde: "Posso, claro!". Então, perguntamos para a menina ao lado: "E você pode acordar todo dia de manhã e gritar a plenos pulmões 'hoje eu não vou ser estuprada'?". "Não, não posso."

É sobre essa diferença, não é sobre o nosso corpo. Não é sobre a nossa postura individual. É uma questão sistêmica de favorecimento por privilégios. Nós, por exemplo, autoras deste livro, mulheres brancas, cisgênero, de classe média, nos beneficiamos dos privilégios estruturais, do racismo estrutural que nos autoriza a frequentar e estar em ambientes regulados pelos e para os nossos privilégios.

As violências diretas, sejam psicológicas, sejam físicas, são ferramentas de controle do patriarcado. O patriarcado precisa da violência. Sim, mas essa violência pode ser manifestada num corpo de uma mulher? Pode, mas existe uma diferença. E qual é a diferença? Publicamente, socialmente, no imaginário coletivo, se uma mulher mata um homem, a culpa é da mulher. Se um homem mata uma mulher, a culpa é da mulher. A culpa é sempre da mulher e o benefício da dúvida é sempre do homem.

As violências são instrumentos do patriarcado e estão a serviço de quem quiser mantê-la. Assim como a opressão, que é também uma violência, porém muitas vezes manifestada no âmbito social.

Basta ver o modo de agir de Damares Alves e Michelle Bolsonaro. São mulheres que se utilizam das ferramentas oferecidas pelo patriarcado capitalista para garantir e aumentar seus privilégios e os privilégios de suas classes. No caso específico das duas, ainda usam as estratégias patriarcais capitalistas de controle criadas por uma vertente das igrejas neopentecostais, que fazem do sagrado mercadoria.

Foi com Damares como ministra da Mulher, Família e dos Direitos Humanos que houve um corte de 89 milhões de reais na verba de combate à violência contra a mulher.[1] E, ainda mais recentemente, as dez deputadas[2] que votaram contra a igualdade salarial entre homens e mulheres. Por tudo isso sabemos que o patriarcado é sobre poder.

É importante dizer que neste livro você não vai encontrar uma versão das histórias das princesas sob o ponto de vista de um empoderamento das personagens femininas. Por aqui vamos narrar, expor, contornar, recontar, tentar entender quais armadilhas o patriarcado está incutindo nesta ou naquela história. A partir dessa identificação, vamos relacionar e comparar o que essas princesas vivem com as nossas histórias cotidianas, aquelas que acontecem na maioria das casas, na vida real.

O patriarcado não é uma força em si. Não é um poder em si. O poder sempre é poder em relação a algo. Gerda Lerner, em *A criação do patriarcado*, nos conta que poder é uma construção histórica. Então, se construímos, podemos destruir. O poder não é algo tangível, que se pegue com a mão, onde seja possível encostar. É algo subjetivo, que pertence ao território do imaginado. Portanto, é necessário criar códigos de utilização. Esses códigos são aplicados em corpos, coisas ou instituições, e só assim passamos a reconhecer o poder.

---

1 "Governo federal corta R$ 89 mi da verba de combate à violência contra mulher", por Ingrid Soares e Thays Martins para o **Correio Braziliense** (9 mar. 2022). Disponível em: https://www.correiobraziliense.com.br/brasil/2022/03/4991561-governo-federal-corta-rs-89-mi-da-verba-de-combate-a-violencia-contra-mulher.html. Acesso em: 15 maio 2023.

2 "Quem são as 10 deputadas que votaram contra a igualdade salarial entre homens e mulheres", por Marina Verenicz para a **Carta Capital** (5 maio 2023). Disponível em: https://www.cartacapital.com.br/politica/quem-sao-as-10-deputadas-que-votaram-contra-a-lei-da-igualdade-salarial-entre-homens-e-mulheres/. Acesso em: 15 maio 2023.

Qual é o corpo que representa o poder patriarcal? O corpo de quem inventou o patriarcado! Homem, branco, cisgênero e heterossexual, quando não rico, influente e considerado capaz. Esses são os códigos escolhidos para representar o poder por quem exerce o poder.

E esse corpo é compreendido e eleito como o grande regulador do Estado. É a partir dele que outros corpos são ou não legitimados. É o que faz com que duas mulheres que viajam juntas, viajem "sozinhas"; ou o que faz com que o controle de natalidade seja feito no corpo de mulheres, mesmo que homens possam fazer infinitos filhos por aí; que corpos negros sejam lidos como perigosos, que corpos transgêneros sejam lidos como libidinosos ou "errados". Qualquer corpo que não representa o poder, sofre o poder, cada um na sua medida. Quanto mais distantes dos signos de poder os corpos estiverem, mais eles sofrem a manifestação do controle agressivo do patriarcado capitalista, via violências.

Quando ouvimos histórias de homens que abandonam famílias, por exemplo, normalmente são contadas com ares de fofoca, que fulano fez algo com a sicrana, que ela tem dedo podre, que estava difícil para ele etc. Dessa forma, parece que uma falência causada pelo patriarcado é uma falência individual! A mulher é responsabilizada pelo "ajustamento" da casa, o homem não é responsabilizado pela sua ausência.

Se você é alguém que faz parte dos grupos subalternizados, temos uma coisa para contar: é muito difícil portar os sentidos individuais contra a lógica patriarcal capitalista. Então, uma dica: quando você se sentir um fracasso, repita: "A culpa não é minha, a culpa é do patriarcado capitalista!".

O patriarcado é sistêmico, quer dizer, é algo que opera em todas as estruturas sociais, é generalizado e, para existir como tal, cria normas sociais, leis, entretenimento, livros, teorias, filosofia, ciência, subjetividades. Tudo para que compreendamos seus códigos de poder como naturais e, portanto, imutáveis. São os *dispositivos patriarcais*. Perceber esses *dispositivos*, ou as *armadilhas*, é uma maneira de atuar sobre elas, mesmo que você discorde de nós.

Às vezes, as meninas nos perguntam se não podem mais gostar das princesas. Podem! O cuidado tem que ser com os príncipes!

Para o patriarcado se sustentar é importante que nós aprendamos, desde muito cedo, que nossos corpos servem a algo, que têm uma função utilitária, como colocar filhos no mundo e fazer disto a sua maior manifestação de amor (depois do casamento), o que evidencia que o nosso suposto valor é pautado não no que somos, mas na nossa capacidade de reproduzir (filhos ou conceitos patriarcais). Se não reproduzimos, não servimos. Ou, ainda, colocamos em xeque esses valores. Talvez por isso um corpo transgênero seja tão perigoso para o sistema patriarcal.

Além disso, a ideia de que a mulher ama a qualquer preço é muito importante para a lógica do patriarcado capitalista. Sem essa ideia, seria impossível sustentar o extraordinário reservado a um grupo bastante seleto.

Nossos conceitos de ordinário e extraordinário

Vivemos em uma realidade em que muito mais da metade da população se ocupa do ordinário com tarefas do cotidiano, como limpar, cozinhar, lavar, cuidar de quem nasce, de quem adoece, de quem morre, das consultas médicas, da ordem dos remédios, de saber a nota das crianças, participar de grupo de WhatsApp de cuidadores, cuidar do jardim, limpar banheiro alheio, cuidar de crianças alheias, marcar consulta da chefia e mais uma lista imensa que faz com que o extraordinário fique reservado aos corpos que portam os sentidos de poder escolhidos pelo patriarcado capitalista.

O extraordinário a que nos referimos são, na verdade, coisas simples da vida que ao "Outro" são concessões de luxo. Produzir uma obra brilhante; assistir a um jogo sem interrupções; chegar em casa depois de um dia cansativo de trabalho e não ter que realizar nenhuma tarefa que foi deixada de lado por outra pessoa, muito provavelmente por quem exerce o papel de "Um".

Sabemos que se dividíssemos o ordinário todos teriam acesso ao extraordinário e o mundo teria que ser outro. Às vezes, a construção do mundo que queremos está muito mais perto do que nos permitimos sonhar.

Podemos e devemos criar estratégias para atuar no enfrentamento ao patriarcado capitalista. Mas é importante termos em mente que não existe caminho individual, não é possível barrar o patriarcado só na nossa casa, na escola dos nossos filhos ou nessa ecovila só com pessoas especiais. A ilusão de que é possível lutar sozinha ou sozinho é uma pílula que o capitalismo distribui embalada na jangada da Moana ou na flecha da Merida.

Fique com essa imagem: você até pode estar com o biquíni que quiser, mas a piscina é o patriarcado capitalista. E, muitas vezes sem que você se dê conta, seu querer é regulado por essa piscina. Quer gostemos ou não, concordemos ou não, achemos bom ou não. Tanto faz. A gente atua dentro dessa piscina, nosso cotidiano é determinado por ela, nossas relações, trabalho, tudo!

Por que será que temos tanto apreço pelas princesas retratadas em filmes de bilheterias astronômicas? Por que muitas meninas as defendem como se fossem suas amigas? Por que as princesas são mencionadas e comparadas conosco como se fosse um elogio, quando na verdade se trata de personagens que viveram em cárcere privado, foram beijadas dormindo, trabalharam de graça?

É o que tentamos revelar.

O viver feliz para sempre é para a mulher doce, gentil, obediente. Para a mulher que merece elogios — a pessoa que não oferece riscos, está controlada. O filósofo Michel Foucault explica uma coisa muito importante sobre o corpo docilizado: ele diz que o corpo dócil é mais fácil de ser submetido, pode ser utilizado, transformado e até "aperfeiçoado". Está no capítulo "Corpos dóceis" do livro *Vigiar e punir*. Entendemos que esse é o corpo que compreende a obediência como algo virtuoso. Um corpo que foi forjado para ser dócil. São necessárias ferramentas poderosas para transformar corpos potentes em corpos dóceis, e apostamos que uma dessas ferramentas são os contos de fadas vendidos nos cinemas!

As princesas são encarceradas, dopadas, adormecidas. Quem dorme é quem não desperta, quem é desatento, quem não oferece riscos ou quem tem um corpo dócil. Esse corpo é pensado e construído de tal maneira para *não ser*. Porque um corpo que *é*, um corpo vivo, insubordinado, desobediente, é um risco para o capitalismo patriarcal, para o sistema. E transformar o corpo que performa a mulher num corpo obediente não é tão simples. É preciso construir esse corpo, criar uma narrativa e uma subjetividade para ele, é preciso convencê-lo. Então, vamos às histórias que serviram e ainda servem de ferramenta para este trabalho árduo.

a bela e a fera — ou não é amor, é cárcere privado

A história da Bela e a Fera é o conto de fadas mais marcante da minha infância. Lembro-me de ouvir essa história ainda muito menina e ficar pensando muitas coisas sobre ela, como: por que a Bela deveria ser entregue como salvadora no lugar de seu pai? Por que ela amou a Fera se ele tirava a sua liberdade? Por que ela tinha que se casar com o príncipe só porque agora ele era um homem? Mas a principal pergunta que eu me fazia era: por que as irmãs da Bela não gostavam dela? Por que elas não eram amigas? O que será que a Bela fez para as irmãs não gostarem dela e desejarem o mal dela na vida, às vezes até causando mesmo o mal?

Não eram perguntas simples para uma criança, mas, sendo curiosa e questionadora como sempre fui, eu ficava horas e horas divagando sobre as incoerências e contradições dos contos de fadas de minha infância.

Esses questionamentos nunca foram respondidos porque nunca tive coragem de expressar em palavras esses meus pensamentos para nenhum adulto. Me parecia algo errado a se fazer. Era como se eu estivesse dizendo que tinha alguma coisa errada com a história. E, como as histórias dos contos de fadas sempre foram passadas como modelos, como ideais de moral, de coragem, de heroísmo, como também de punição para quem fizesse algo errado, nunca me passou pela cabeça que eu estivesse certa e que tinha realmente alguma coisa errada com a história. O que eu pensava nessa época é que eu é que tinha alguma coisa de errado por duvidar e suspeitar da perfeição do conto ou não entender a história.

E assim vivi pensando até ficar adulta, quando, muito recentemente, tive contato com estudos de gênero, o patriarcado e o feminismo. Descobri que a rivalidade entre as mulheres, tão disseminada em contos de fadas, romances, filmes e na mídia em geral, é mais um mecanismo e uma estratégia do patriarcado para manter as mulheres divididas, fracas, e assim eles, os homens, continuarem a determinar a vida delas, a mandar em tudo, a nos oprimir sem que pudéssemos fazer nada e, em alguns casos, ainda colocar a culpa em outra mulher. A ideia da rivalidade entre as mulheres é apenas mais um equipamento de opressão. E um dos mais bem-sucedidos por ser mais sutil.

A rivalidade das irmãs da Bela e o ódio por ela não é explicado no conto, apenas jogado como algo inerente às mulheres, como se elas odiassem a Bela por ela ser bonita, simples, alegre, sensível, generosa, colocando, ao mesmo tempo, um modelo duvidoso de ideal feminino que deve ser seguido; o da Bela. E deixando explícito que qualquer mulher que não fosse exatamente como a Bela era má e culpada e não tinha valor como a "verdadeira" mulher deveria ser.

É cultural a ideia de que as mulheres não são amigas, são rivais e que disputam homens e o status de mais bonita, como se sua beleza e a aprovação dos homens fossem os verdadeiros valores a serem buscados, e que serão sempre vencedoras se forem as mais bonitas, as mais virtuosas, as mais altruístas, as mais sacrificadas e doadoras de suas vidas em prol dos outros, trazendo também esse fardo sobre as mulheres, a ideia subentendida de que cabe a ela sempre se sacrificar pela família, pelo homem, pelos filhos, pelo "amor de sua vida", como a Bela fez no conto.

Cheguei à conclusão, muito tempo depois, de que esse conto trouxe muitos prejuízos culturais e sociais para as mulheres. É uma ideia perversa, fantasiosa, irreal e cruel a se perseguir.

Contos de fadas formam o imaginário das mulheres e da sociedade sobre como devem ser as mulheres e este conto de fadas em especial estava dizendo, dentre outras coisas, que as mulheres deveriam ser desprendidas de si e de tudo, ser santas praticamente; deveriam amar incondicionalmente, abrir mão da liberdade, se voluntariar para o sacrifício sempre, redimir o homem amaldiçoado, ser as salvadoras do mundo porque estão destinadas a isso. E sua vida pessoal, os anseios que fujam a esse destino, pois não têm espaço, não devem existir, reproduzindo assim, de geração em geração, mais Belas e mais Feras.

NEUMA ROZENDO, 39 ANOS

Nossa leitura

Esses filmes nos enganam fingindo contar uma história e nos fazem engolir outra. Eles dizem que estão querendo contar uma história de amor, que o amor verdadeiro nos faz enxergar para além das aparências e que a beleza é uma questão menor. Dizem que não tem problema se você se relacionar com alguém aparentemente feio e brutal, porque o amor salva. Mas observe: a aparência que não importa é a dele! Porque ela é *a* bela, inclusive a filha mais bonita!

Um dia, o pai de Bela está andando no jardim de um castelo, vê uma flor muito bonita e decide que vai levar para a filha. Ele corta a rosa, o dono do castelo vê, fica muito bravo e prende esse senhor na propriedade. Bela, então, fica sem um pai dentro de casa. E o que isso significa? Ela fica sem um regulador do estado dentro de casa, e precisa tomar uma atitude, senão algum regulador pode se apossar.

Então, ela sai à procura do regulador antes que o chato do Gaston se abolete na casa dela e pegue a função de regulador daquele lar para si. "Cadê o meu pai?" Descobre onde está o pai. O pai está preso no castelo. Ela vai até lá, bate na porta e pede para liberarem o pai, que não pode ficar sem atuar no espaço público. Bela propõe uma troca porque seu lugar é o espaço privado, então ela fica no lugar do pai. A troca é feita. O pai consente. Bela entra no castelo. O pai de Bela volta para a própria vida agradecido. Bela é encarcerada.

A Fera diz que ela pode ficar à vontade, entrar em todos os lugares, frequentar a casa inteira, que tem essa biblioteca maravilhosa, escandalosa, e que ela pode ler o que quiser dali! E Bela pensa que aquilo não pode ser ruim porque nunca ninguém compreendeu o amor que ela sentia pelos livros. Quem diria que seria um monstro a perceber isso?

É dessa forma que, no nosso entendimento, o filme constrói uma lógica na qual é possível viver encarcerada e satisfeita, e que, às vezes, quem te conhece melhor, quem é capaz de perceber suas necessidades mais profundas, pode aparentar ser um monstro.

Diante disso, essa moça começa a gostar da vida no castelo, onde passeia, lê livros, desfruta o jardim. Até que um dia entra em um lugar que a Fera havia dito que ela não poderia, que era proibido.

Ela desobedece, e esse homem não é um homem; ele é uma fera e tem um ataque de fúria! Joga coisas no chão, quebra objetos, dá socos na parede; é extremamente violento. Grita que ela é indomável, desobediente, que fez algo muito perigoso, que colocou tudo em risco.

Sem entender direito, Bela vai ficando lá, naquele espaço, naquele castelo, naquele cárcere, se sentindo culpada por ter despertado a fúria da Fera. Ela está confusa porque se dá conta de que está vivendo presa e que não tem rede de afeto e nem de proteção. Ela não fala mais com o pai, está completamente afastada do vilarejo, e já está um pouco de saco cheio, cansada daqueles livros. "Isso aqui não está bom. Meu Deus do céu, como é que vai ser isso? Eu preciso conversar com alguém, mas com quem?"

Então ela começa a dar nome para os objetos. Dá nome para um candelabro, para um bule, uma xícara, para o piano, para o banquinho do piano. E ela estabelece uma relação com esses objetos inanimados. Sabemos que no final do filme é revelado que esses objetos são pessoas enfeitiçadas, e que recursos como esse, em que a protagonista conversa com objetos inanimados e animais, são usados não só nesse como em vários contos (o espelho da Branca de Neve, os ratinhos da Cinderela etc.). A nós cabe tentar compreender como esses e outros signos servem de dispositivos patriarcais dentro desses contos. Como, por exemplo, se naturaliza a imagem de mulheres fragilizadas emocionalmente, mulheres que, sem rede de apoio real, buscam espelhos, animais e objetos como interlocutores e cuidadores. A narrativa se torna tão comum que reflete, ou é refletida, pela forma com que se trata a saúde metal da mulher:

> Segundo Valeska Zanello, doutora em psicologia e especialista em saúde mental e gênero da UnB (Universidade de Brasília), a medicina ainda falha em buscar as verdadeiras causas do sofrimento feminino e aposta em justificativas simples, apenas

biológicas. A explicação padrão é a de que, por sofrerem mais com variações hormonais, como menopausa e gravidez, as mulheres acabariam mais suscetíveis a episódios depressivos. "Culpam-se os hormônios e ignoram-se várias agressões, como estupro e violência doméstica, que não são vistas como geradoras de sofrimento. Ao ouvir a vida dessas mulheres, os psiquiatras não perguntam e não levam em conta o horror vivido por elas", conta.[3]

Portanto, aqui vai uma dica: busque rede de apoio com pessoa reais, e de preferência com vizinhas, amigas, em rodas de conversa, clubes de leitura, terapeutas, tarólogas, sacerdotisas, psicólogas e psicanalistas feministas e ou antipatriarcais.

Ele, a Fera, fica constrangido de ter sido violento, pede desculpas, se diz arrependido e promete que isso não vai acontecer mais. (Qualquer semelhança com histórias de relações abusivas não é mera coincidência, é reflexo de um projeto mesmo.)

Ela pensa: "Acho que dá para perdoar, afinal ele é um homem tão gentil. Ele é um homem que entende a minha vontade de ler. É um homem que consegue conversar sobre isso comigo. É um homem que consegue perceber as nuances da minha personalidade. Eu nunca fui aceita socialmente dentro do meu espaço e tudo mais, e esse homem me aceita, me entende, parece até que me ama".

Ele quer se retratar e propõe um baile. Entrega a ela um presente, um vestido magnífico, que ela veste e fica muito feliz.

---

3 "Mulheres e depressão: Quando a loucura é filha do machismo", por Fabiane Guimarães para a **Revista Azmina** (21 ago. 2018). Disponível em: https://azmina.com.br/reportagens/quando-a-loucura-e-filha-do-machismo/. Acesso em: 26 abr. 2023.

Vai para o tal baile superanimada: Bela, Fera, bule, xícara, candelabro e o banquinho do piano. E os fatos se dão assim:

Eles dançam.

Se olham.

Se beijam.

Ela se apaixona por ele.

O amor que ela sente por ele transforma esse homem, um sequestrador, uma besta fera, um homem violento que joga as coisas na parede num ataque de fúria, em um Príncipe Encantado. Não só possível, como desejado!

Na vida real

Nos filmes *A Bela e a Fera* a que tivemos acesso (o *live action* de 2017, com direção de Bill Condon, e o desenho animado de 1991, com direção de Gary Trousdale), o que percebemos é que a responsabilidade de transformar esse sequestrador em um homem "possível", e até mesmo desejado, é do amor que ela sente por ele.

Muitas vezes, durante as ações do Movimento Atreva-se, nos perguntam se a Bela não sofre de Síndrome de Estocolmo, que é quando a vítima desenvolve sentimento e empatia pelo agressor. No entanto, veja, se Bela existisse como uma mulher real, ela poderia ir em busca de um diagnóstico clínico (psicológico) e cogitar ou não a Síndrome de Estocolmo. Mas Bela não existe! Ela é um personagem, e, portanto, uma ideia. E, ainda que existisse, Síndrome de Estocolmo é uma consequência grave e dolorosa de uma situação de encarceramento e tortura, e jamais poderia ser romantizada!

Uma vez, em um jogo com pessoas adultas da classe média, enquanto contávamos sobre *A Bela e a Fera*, um homem começou a se sentir ofendido. Então, dissemos: "Fique tranquilo, estamos falando da Fera, que é um personagem, não existe. Se você sequestrou uma mulher e a trancou em casa, nós temos um problema. Mas, do contrário, não é sobre você que estamos falando. Talvez você se sinta ofendido porque tem a sua masculinidade representada pela Fera, já pensou nisso? Hora de mudar!".

O filme nos faz acreditar que Bela é recompensada pelo seu amor. Mesmo que seja audaciosa e tenha um comportamento diferente das outras mulheres da família e do seu vilarejo, a ficção nos mostra que isso não é um problema e pode gerar uma recompensa, desde que você tenha as atitudes certas nos momentos adequados. Ou seja, uma moça esperta pode ser generosa quando necessário (mesmo estando em cárcere privado).

Ela é uma personagem que, em sua suposta insubordinação — sim, porque Bela é uma das princesas mais insubordinadas dos contos de fadas, ela gosta de ler, gosta de pensar, de falar sobre assuntos mais complexos —, é "recompensada". Mas isso não é verdade! Ela é presa, violentada física (o corpo dela é impedido de sair da casa) e emocionalmente (ela é responsabilizada pelo cárcere que vive, como se fosse uma escolha dela, já que ela "pediu" para ficar no lugar do pai, que havia sido preso injustamente), e o filme ainda cria uma falsa sensação de acolhimento oferecida por uma rede de apoio composta de objetos inanimados, considerando que a Bela é privada da companhia de outras pessoas.

E essa narrativa é uma forma de nos ensinar o que é o amor! Que mesmo em cárcere privado ela está sendo acolhida, cuidada e amada.

A jornalista e escritora Karin Hueck, em seu *O lado sombrio dos contos de fadas*, intitula o capítulo sobre esse conto como "A Bela e a Fera, os casamentos e os serial killers". Ela conta que é uma história inspirada na do Barba Azul, que, por sua vez, tem muitos correlatos em histórias reais de serial killers. São muitas as hipóteses de personagens reais que tenham inspirado o conto, desde Gilles de Rais, no século 15, até Conomor, no século 6. Hueck diz também que

> os casamentos do passado em nada se pareciam com os relacionamentos de hoje em dia, baseados (teoricamente) no amor e no companheirismo e iniciados com a livre escolha dos noivos. Uma união consensual criada a partir da compatibilidade dos parceiros é um conceito moderno. Estima-se que foi apenas no século XVIII que o amor subiu ao altar (p. 132-133).

Ainda de acordo com o livro, orginalmente esse conto, do Barba Azul, pode ter sido criado para alertar sobre os perigos do casamento, e não sobre as delícias. Diferentemente de como *A Bela e a Fera* chega até nós hoje em dia, tentando embutir uma história de violência em uma história de amor e usando a maior indústria de cinema do mundo, com recursos financeiros e criativos ilimitados, para apresentar personagens carismáticos muito bem construídos, cenários lindíssimos, trilha sonora envolvente, maquiagem, figurino, tapete vermelho do Oscar e tudo o mais, e fazer a história de violência passar sem chamar atenção.

Uma narrativa ficcional, criada por quem quer manter os códigos da ideologia vigente bem vivos, normalmente homens brancos (mas nem sempre), pode construir realidades, mas, para ser convincente, ela precisa utilizar recursos de grande sofisticação emocional e imaginativa.

A narrativa se constrói em cima de elementos delicados e muito importantes no nosso imaginário, como a descoberta do amor, o desejo de ter um amor que ultrapasse os obstáculos, o desejo de um amor que te olhe por inteiro, com todos os defeitos e qualidades. Então, em casa, achando que não estamos sob nenhuma influência desses desejos, vamos, por exemplo, falando coisas assim: “Ele me conhece como ninguém”, “Eu o conheço como ninguém”, “Eu conheço o pior dele [isso como quase um troféu, como algo que faz daquela uma relação especial], então eu sei até onde ele pode ir”.

A Bela e a Fera é uma história que ajuda a endossar essa narrativa, a construir uma possibilidade de vida de que ainda assim, com tudo isso, ele me ama. Ele joga tudo na parede, mas me ama. Ele me ameaça fisicamente, mas me ama. Ele me prende por semanas num castelo, mas me ama. Ele me priva de todas as minhas relações, ainda assim ele me ama. E esse amor é maravilhoso. E, independentemente da idade, nós ainda buscamos desesperadamente por ele, e nos vemos frustradas por não o ter encontrado ou por ser quem “nunca encontrou o amor *de verdade*”.

O Atreva-se luta para dissolver esse imaginário em seu trabalho nas escolas. Principalmente porque também existe uma violência imaginada que parece ser a que acontece em programas de televisão como o do Datena, espetacularizada, com homens que não existem no nosso cotidiano; uma violência que seria distante — mas sabemos também que isso não é verdade! A espetacularização da violência serve para reforçar a ideia de que o controle do que acontece em casa não é violência, que o homem que mata é um monstro, e monstros, afinal, não existem. Serve para nos fazer baixar a guarda. É aí que nos vulnerabilizamos ao homem comum que faz atrocidades.

Vale lembrar que quando dizemos que uma mulher é morta por feminicídio a cada duas horas no mundo, estamos dizendo que um homem mata uma mulher a cada duas horas no mundo.

Quando dizemos que uma mulher é estuprada a cada dez minutos no Brasil,[4] estamos dizendo que um homem estupra uma mulher a cada dez minutos no Brasil. O machismo está no meio de nós e 70%[5] dos estupradores são conhecidos das vítimas.

Estupradores e feminicidas não têm necessariamente o aspecto da fera.

O imaginário e a memória colaboram para um afastamento da nossa presunção: "aqui em casa é diferente". E o imaginário se constrói também norteado pelo que passa na TV. Então, é preciso desvendar as violências no cotidiano, e *A Bela e a Fera* tem um papel muito importante nisso. "Ele é bruto, esquentado, mas ele é bacana! Ele é assim só de vez em quando." Uma relação abusiva de violência doméstica. Cárcere privado. Uma lavagem cerebral nas meninas afirmando que o amor aguenta qualquer rojão e o problema é seu, é sua responsabilidade resolver essa questão tão complexa.

Mesmo em mulheres de 30, 40, 50, 60, 70, 80, 90 anos, esses contos ocupam um espaço muito privilegiado; é como se aquela mulher adulta e madura tivesse 15 anos e ainda sonhasse com o amor que não viveu. Essa ideia está cristalizada porque parece que estamos falando de algo sagrado, falando de amor, de ser querida, escolhida. Mas não, estamos falando que *A Bela e a Fera* não é uma história de amor, é uma história de violência.

---

4 "Brasil teve um estupro a cada 10 minutos e um feminicídio a cada 7 horas em 2021", em Dia das Mulheres no **Portal G1 DF** (7 mar. 2022). Disponível em: https://g1.globo.com/dia-das-mulheres/noticia/2022/03/07/brasil-teve-um-estupro-a-cada-10-minutos-e-um-feminicidio-a-cada-7-horas-em-2021.ghtml. Acesso em: 30 mar. 2023.

5 Dossiê violência contra as mulheres — Sobre as violências contra as mulheres: violência sexual, em **Agência Patricia Galvão**. Disponível em: https://dossies.agenciapatriciagalvao.org.br/violencia/violencias/violencia-sexual/. Acesso em: 30 mar. 2023.

Muitas vezes, pensamos que a violência só é violência quando é extrema. Mas isso é um erro porque há pistas que podem ser reconhecidas antes de se chegar à violência extrema. No dia a dia: não deixar que você mande mensagens; levar e buscar no trabalho para que você não converse com ninguém; pedir que você ligue a câmera para provar onde está; chegar de surpresa no seu trabalho, em casa, em qualquer lugar sem ser convidado. Todas essas são ferramentas de controle. O cárcere privado é também uma ferramenta de controle, só que extrema e é um crime qualificado no código penal.

No universo das escolas, com os adolescentes e jovens, é importantíssimo revelar e nomear as ferramentas de controle usadas pelo garoto que não deixa a namorada conversar com as amigas, por exemplo. É preciso fazer entender que um jovem que se comporta dessa maneira se sente no direito de controlar aonde e com quem a companheira pode ir e está rumando na direção do cárcere privado. Portanto, revelar e nomear essa violência tem a função de não naturalizar nem romantizar esse comportamento.

O conto atrela violência e afeto e nomeia como amor o que na verdade é abuso. Bela viveu todas as mazelas e transformou o **sequestrador** em um homem "possível". É assim que essas dimensões de violência e afeto se tornam intrínsecas ao nosso dia a dia, servindo ao patriarcado capitalista. Porque é importante que a gente compreenda amor de uma maneira completamente aprisionada. Acontece que isso que chamam de amor não é amor, é suportar qualquer violência em nome de um suposto amor a fim de ocupar um espaço de pertencimento e cumprir um papel social que delega ao corpo da mulher a responsabilidade de *estar em* e manter uma relação amorosa.

É esse estado extremo de violência que Bela vivencia com a Fera.

Ela sofre cárcere privado e a gente tolera, ela é agredida por ele e a gente tolera. Chamamos essa experiência de amor e, pior, contamos para as nossas crianças que salvar o monstro da própria violência é tarefa das meninas e que aos meninos cabe realmente ser um monstro.

Mas não tiramos isso do nada, aprendemos isso. O patriarcado nos ensina esse comportamento o tempo todo, está nos filmes, nos livros, nas músicas, em todos os lugares. No fim, entender relações violentas como amor e salvar homens do próprio comportamento violento seriam "competências" (contém ironia) que precisamos aprender para manter o patriarcado capitalista como poder.

O patriarcado é uma narrativa. Se nomearmos as violências dessa narrativa, talvez possamos criar ferramentas para combatê-las e, enfim, criar outra narrativa, uma que seja revolucionária, a que considera todos os corpos como sujeitos de direito. Talvez essa seja a nossa tentativa de responder à pergunta provocada em nós por Sohaila Abdulali no seu imprescindível *Do que estamos falando quando falamos de estupro*. "Que mundo a gente teria construído? Que mundo a gente pode construir ainda se as mulheres não passarem grande parte de suas vidas sobressaltadas e com medo?"

a branca de neve — ou sobre o trabalho gratuito para o capital

Eu ouvia a história da Branca de Neve naqueles disquinhos de vinil. Lembro do silêncio da casa e de quanto era aterrorizante e excitante ouvir as narrativas. Tinham outras histórias, mas a que eu mais lembro era essa e a dos três porquinhos.

O que eu lembro da história é que a Branca de Neve vivia numa boa, estava até feliz num baita castelo, e o pai dela nunca aparecia — deveria estar trabalhando, como o meu. Enquanto isso, ela tinha uma madrasta, que era muito poderosa, porque conversava com um espelho, o espelho respondia. Ele me parecia ainda mais poderoso do que ela, tanto pela voz, como porque era a voz que fazia com que ela mudasse o tom de voz dela, ficando confusa, mais calma ou furiosa.

A força de um espelho...

A madrasta, um dia, perguntou de novo quem era a mulher mais bonita do reino. Eu achava um pouco chato ela perguntar sempre a mesma coisa, mas acompanhava como se fosse a primeira vez que ouvia. Um dia, o poderoso espelho respondeu que ela não era a mulher mais bonita do reino, mas, sim, Branca de Neve, a princesa. A rainha ficou muito brava com a resposta, que era estranha, porque ela me parecia mais bonita, com grandes olhos verdes e uma roupa espetacular, poderosa.

Mas eu me identificava com a Branca, era a única história de princesas de que eu gostava, porque ela era branca e tinha o cabelinho preto e cheio, como o meu. Eu me sentia muito diminuída pelas outras princesas de longos cabelos loiros, e meu cabelinho crespo e curto não me permitia fazer a trança embutida que minha tia testou e ficou linda no cabelo da minha prima loira.

As outras crianças não gostavam do meu cabelo e do meu jeito de menino. Branca era doce e meiga e bonita, mesmo com o cabelo mais curtinho. Ela vai para a casa dos anões por acaso, e eu não lembro muito da parte do caçador, que segundo a história teria desistido de matá-la. Lembro que ela era grande para dormir na cama deles (como eu me sentia grande perto das outras crianças, o que também era ruim...).

Meu medo era que, durante a assembleia, o Zangado vencesse e ela não pudesse ficar ao abrigo da casa deles, mesmo fazendo de tudo. Encontrei, quarenta e poucos anos depois, um Zangado que eu nunca consegui agradar, e tentei muito...

Um dia, a Branca encontra com a bruxa má e come uma maçã envenenada. Nunca entendi o fascínio por uma simples maçã, coisa que eu não gostava, mas entendia muito a pena que ela sentiu da pobre velha que insistiu tanto para que ela provasse. Eu pensava "ficou com dó... foi o dó que fez ela comer".

Nunca entendi de onde saiu uma caixa de cristal para colocar a menina, mas ouço agora os sons dos passarinhos, que foram o motivo suposto para deixar o caixão no meio da natureza... Ela está sozinha, chega um lindo príncipe fascinado e beija a menina que está dormindo. Ela acorda e eles se casam. Será que vão voltar para o castelo ou ela vai para outro lugar? Não sei, mas um beijo tem esse poder na minha pequena grande consciência de então.

Eu achava natural e virtuoso que mesmo sendo princesa ela soubesse fazer todos os serviços domésticos. Hoje, tento esquecer deles para construir meu trabalho para o mundo. Muitas vezes não consigo, isso me atrapalha.

O cabelo sempre foi um empecilho para a construção de uma autoimagem positiva, e hoje tenho consciência do marcador racial que há no meu corpo branco, e de quanto isso me fez ser preterida no jogo do "amor" e outros jogos sociais.

Anos depois, eu vi uma cena na série This is Us *em que uma menina negra interpreta a Branca, os pais negros vão assistir ao teatro escolar e as risadas do público branco são de deboche. Dor e constrangimento, o que fazer com os filhos em uma situação assim? Fica a pergunta de uma mãe de menino negro.*

Na minha primeira experiência no teatro, no pré-primário, a professora escolheu a princesa, uma menina loira. Depois perguntou se eu queria fazer a bruxa. Eu disse que sim. Ela me mandou gargalhar. Paralisei. Perdi o papel em segundos e acabei fazendo a árvore. Penso que tenho paralisado muitas vezes desde então, diante das coisas que eu desejo.

JULIANA FERRARI, 48 ANOS

Era uma vez uma princesa branca como a neve. Branca como a neve, cabelo preto e liso, e beeem diferente de mim! Branca de Neve era filha de um rei que certo dia se casou com uma poderosa feiticeira, que nada gostava dela! A feiticeira, sua madrasta, sempre gostou de se olhar no espelho, que conversava e falava tudo para lhe agradar.

Certo dia, o pai da Branca de Neve, o rei, morreu e então Branca de Neve teve o azar de ser cuidada por uma mulher que não gostava dela (porque, no fundo, queria mesmo era ser a Branca de Neve!). Assim, Branca de Neve teve que se vestir e fazer tudo que a tal da feiticeira achava que era "feio": limpar a casa, vestir roupas que não eram da realeza.

Branca de Neve sempre fazia tudo que a feiticeira, sua madrasta, mandava. Até o dia em que o espelho — que falava tudo que a feiticeira gostava de ouvir — disse para ela que Branca de Neve era a mais bonita do reino, mais bonita que a própria feiticeira. Então, a madrasta se deu conta de que no fundo ela não gostava nada do que via: sua pele envelhecida pelo tempo, as rugas... tudo!

Depois de ter sua ira despertada, a rainha, sua madrasta, decidiu que mataria a princesa branca como a neve e de pele de veludo. Chamou um caçador para, em um ato de crueldade, arrancar seu coração. O caçador se sentiu mal pelo ato cruel e então contou para Branca de Neve as intenções de sua madrasta. Branca de Neve correu, correu, correu e encontrou uma cabana toda desorganizada e suja.

Como já era de seu costume, Branca de Neve quis limpar, limpar e limpar (com a ajuda de pássaros). Caiu no sono de tamanho cansaço e no dia seguinte foi acordada por sete homens com nanismo, os famosos Sete Anões.

Branca de Neve passou a viver com esses anões até que um dia o espelho da feiticeira contou que a princesa continuava viva. Furiosa, a madrasta decidiu que daria um veneno fortíssimo para Branca de Neve, dentro de uma maçã. Encontrou-a na floresta e, disfarçada de uma senhora idosa, deu a maçã que fez a princesa entrar num sono profundo. Os Sete Anões se sentiram à vontade o suficiente para pegar o corpo da princesa e colocar numa caixa de cristal... como se fosse uma roupa numa vitrine (embora digam que foi um ato carinhoso).

Ali, muito tempo se passou até que um príncipe também se sentiu à vontade para dizer que levaria o corpo de uma princesa que não conhecia para seu palácio. Ao levantar a caixa de cristal, a princesa caiu e uma maçã envenenada que estava entalada saiu de sua garganta, fazendo-a acordar de seu sono profundo. A princesa acordou, viu o príncipe e quis viver com ele para sempre (mesmo sem o conhecer).

Bom... eu quis contar essa história porque, por mais que essa princesa nada se pareça comigo, esse foi um dos filmes a que mais assisti na minha infância. Assistia muitas e muitas vezes com minha prima (que era parecida com a Branca de Neve). Nas brincadeiras de faz de conta que envolviam a história, eu nunca podia ser a Branca de Neve e hoje eu até entendo, e agradeço por nunca ter sido ela.

Muitas microviolências eram reproduzidas, ainda na infância — por outras crianças, enquanto a gente assistia em looping a esse filme... Uma, duas, três, quatro vezes por dia ou mais! Me lembro até da fita, me lembro da música e da sensação estranha de não pertencimento.

AGNIS FREITAS, 26 ANOS

Nossa leitura

Branca de Neve e os sete anões nos conta sobre uma mulher belíssima, diga-se de passagem, e perversa, que está envelhecendo. Só nesse pedacinho o conto já nos diz que envelhecer não é legal. Que, ao envelhecer, você se transforma numa mulher perversa, maldosa. Aqui também é construído o imaginário da madrasta, a que é invejosa, usurpadora, que rouba o lugar da mãe no coração do pai. A MÁdrasta!

Essa mulher é a autoridade máxima no tal reino, porque o rei morreu ou sumiu, ou é um omisso. E qual é a única preocupação dessa mulher? Que exista alguém mais bonita do que ela. Todo dia de manhã ela acorda, toma lá um negocinho, que a gente acha que a Branca — a Bela, a Cinderela e a turma toda — tomou também, e vai lá conversar com o espelho. Aí ela pergunta:

— Espelho, espelho meu, tem alguém mais bonita do que eu?

— Não, não tem, fica tranquila, rainha.

No dia seguinte:

— E aí, espelho, tem alguém mais bonita do que eu?

— Não, não tem.

Estão nos dizendo que a mulher mais importante e mais poderosa do reino só pode se ocupar de saber se é bonita o suficiente, porque o espaço público, aquele que é político, que é de disputa política não é dela. Então a ela não cabe saber se o reino está bem, se tem saneamento básico, se os estudantes estão no ENEM, se o povo está passando fome, nada disso é da alçada dela. A ela importa se tem alguém mais bonita que ela!

Até o dia em que o espelho diz:

— Tem.

— Mas como assim, quem é?

— É a Branca de Neve!

— Não pode ser, ela é uma menina.

— Era ontem. Hoje ela é uma novinha. E te oferece riscos.

Bonita é quem é nova, bonita é quem é branca. Os contos são didáticos, perversos e sofisticados.

— Não, gente, não é possível, eu tenho que dar um jeito nisso! Já sei, eu quero o coração dela!

E manda o caçador levá-la até a floresta e matá-la.

O caçador não consegue matá-la. Ela é doce e gentil. Ele não é capaz.

— Você é um amor, você é uma menina delicada. Eu conheço seu pai.

Repare, o pacto é com o pai:

— Seu pai é um cara massa, não vou te matar, você fica tranquila. Você pode entrar nessa floresta e ficar por aí.

— Como assim? Eu não sei viver em uma floresta!

— Ah, mas aí não tenho como te ajudar, já não te matei. É o que eu posso fazer.

A menina viveu no castelo a vida inteira, não faz ideia de como sobreviver em uma floresta, ainda assim está aliviada porque pode confiar no caçador, afinal ele é um bom moço. Ele não conseguiu matá-la, mas abandonar na floresta, conseguiu. Ele é um *cavalheiro.*

Aí o rapaz vai embora, mata uma lebre, leva o coração para a rainha, a rainha fica feliz. A menina morreu, acabou-se tudo, agora ela pode reinar em paz.

Só que a menina está lá na floresta. Está com um pouco de medo, procurando um abrigo e encontra uma casinha. Na hora em que entra na casinha, ela está exausta, louca para descansar, e pensa:

— Nossa, que delícia, está bem bagunçada, há quanto tempo que eu não arrumo uma casinha! Ah, como eu gosto de arrumar a casinha! Venham, ratinhos, venham, passarinhos, me ajudem a arrumar essa casinha! Eu tenho um monte de ratinho que me ajuda, ratinhos e passarinhos. Eles são todos meus amigos!

Sim, chega aquele monte de ratinho, de passarinho, e vai todo mundo arrumar aquela casa!

(Universo, rapidão aqui, se for para mandar algum ser encantado, que seja essa turma de passarinhos e ratinhos. O príncipe a gente passa, tá?)

Bom, ela e a turma dela arrumam aquelas sete camas de sete homens adultos. Sim, eles são adultos e absolutamente capazes. Nesse ponto já tem mais um item que o capitalismo patriarcal risca o chão: esse conto é, além de tudo, capacitista. Só assim se explica como essa moça pode viver com sete homens adultos sem que isso seja sexualizado: os homens são infantilizados, e considerados incapazes e desprovidos de sexualidade por terem nanismo.

Voltando: a moça está lá na casa dos sete homens, morrendo de alegria de arrumar tudo e pensando:

— Como eu gosto e quero cuidar de tudo isso! Ah, que saudade de arrumar uma cama. Há quanto tempo que eu não arrumo uma cama! Oba, já que tem sete camas, vou fazer sete tortinhas!

E assim fez. Cuidou de todo mundo e ficou exausta, afinal, a moça fugiu da madrasta, escapou da morte na mão do caçador, passou a noite na floresta, limpou uma casa de sete homens adultos que não conseguiam encontrar um cesto de roupa suja e decidiu descansar. Juntou as caminhas e dormiu o sono dos justos.

Aí os rapazes chegaram, se assustaram e pensaram em mandar a moça embora!

— Não! Você está maluco? A nossa casa nunca esteve tão limpa, pelo amor de Deus. Deixa essa moça aqui. Essa moça adora a gente. Essa moça gosta da gente. A gente gosta muito dessa moça. Deixa essa moça aqui.

Aí a moça acorda, fica feliz de ver aqueles homens, todos felizes com suas tortinhas e camas arrumadas, ela segue trocando serviço doméstico por afeto por mais um tempão, e assim a vida parece estar boa para todo mundo.

Silvia Federici, ativista feminista contemporânea, filósofa, escritora e professora italiana, tem um recado para a Branca de Neve: "Isso que vocês chamam de amor, é trabalho gratuito".

Um dia, a rainha má decide que é hora de saber se tem mais alguma concorrente no reino e retorna ao seu amigo conselheiro, o espelho:

— E agora tem alguém mais bonita que eu?

— Tem, dona!

— Como assim?

— Pois é, a menina não morreu, mas deixa isso pra lá, a menina é muito boa!

— O quê? Não? Agora vai morrer! Agora sou eu que vou matar essa moça. Quem quer o trabalho bem-feito não manda fazer!

E ela coloca veneno numa maçã, se disfarça de uma mulher muito velha e feia, mas que parece gentil — afinal, vovozinhas são boas pessoas —, entrega a maçã para a menina, a menina come a maçã e morre.

Morre!

Os sete homens falam:

— Não é possível, gente. Demoramos tanto para achar alguém que acertasse nessa torta e essa moça simplesmente morre?

— Já sei! Tem um caixão de vidro ali, vamos botar essa moça no caixão de vidro e deixar no meio da floresta!

Um tem a ideia, os outros seis falam:

— Massa! Vai que ela pega um sereno e acorda, não é? Sei lá, bota a moça no caixão de vidro, coloca no meio da floresta e a gente reza!

Vale lembrar aqui, a moça está morta.

Vem um príncipe, que está passeando na floresta com seu cavalo, vê a morta e diz:

— Puxa! Há quanto tempo que eu não vejo uma morta tão bonita! Nossa! Preciso dar um beijo nela!

Ele desce do cavalo.

Beija a morta.

A morta acorda.

Se apaixona pelo príncipe, se casam e são felizes para sempre!

Qual é o nome do príncipe?

Não sabemos o nome do príncipe.

O príncipe não precisa ter nome.

Príncipe é príncipe.

Na vida real

O patriarcado capitalista se aproveita da Branca de Neve de muitas maneiras. Em cada camada de leitura, há um código patriarcal que é enfiado em nós goela abaixo desde a mais tenra infância. Uma camada, por exemplo, é a beleza, outra é questão de raça (a bela Branca), outra é capacitista. E há uma bem profunda que atribui ao nosso corpo, o corpo das mulheres, o cuidado em todas as suas dimensões.

Agora precisamos de uma pausa.

No Movimento Atreva-se, não nomeamos mais as atividades cotidianas de cuidado. Lutamos por uma *política de cuidado*, que nada tem a ver com o massacre promovido pelo cotidiano que diz que temos que dar conta de tudo relacionado a existir! É massacre do cotidiano porque fala das coisas que precisam ser feitas todo dia, muitas vezes por dia, para que a vida *de todos* aconteça.

Então, tudo isso que a Flávia Biroli, jornalista e cientista política brasileira, chama de algo como "práticas de vida" (leia sobre o tema em *Gênero e desigualdades*, você vai gostar, e incluímos nas indicações de leitura do final deste livro) é um outro modo de falar o que a Silvia Federici já disse, que trabalho doméstico "é trabalho gratuito". É tão fácil reconhecer isso no nosso dia a dia, né? Quantas vezes não ouvimos das nossas tias, mães, avós frases como: "Gente do céu, trabalho de casa não tem fim?".

Antes de continuar, precisamos dizer que estamos fazendo muitas citações porque é importante você saber que não pensamos sozinhas, que existe muita gente competentíssima construindo um pensamento libertador e que vem revelando as estratégias do patriarcado há bastante tempo.

Dito isso, a jornalista de economia Katrine Marçal escreveu o livro *O lado invisível da economia*, em que, entre tantas coisas, vai contando a trajetória do Adam Smith e também a do Marx, e levanta uma questão curiosa até: nem um nem outro contou quem fez o jantar em casa, por exemplo. Então, nem Adam Smith, chamado de o "pai do liberalismo econômico", e nem Karl Marx, "o pai do comunismo", cogitou pensar na ideia do trabalho que é feito pela mulher como um trabalho. Se esse trabalho fosse respeitado como tal, e não invisibilizado, a história que construímos até hoje seria outra.

Eles também são responsáveis pela ideia de atribuir algo ao nosso corpo como se fosse inerente à nossa condição.

Seguindo esse raciocínio, eu, por ser mulher, quando recém-nascida ganhei um brinco, ganhei também o talento de passar um pano no chão e arrumar uma gaveta. Até mesmo antes disso, quando no chá revelação explodiu a bomba rosa, eu já "ganhei" o talento do serviço doméstico.

É uma coisa louca essa história de que passamos um pano no chão como ninguém. É obra do brinquinho, do enxoval, da expectativa de ter uma filha companheira da mãe no dia a dia do serviço da casa. Esse é um jeito de determinar logo no nascimento — e antes até — quem serve para o quê, demarcando bem os territórios. Se meninos vestem azul e meninas vestem rosa, a função social de cada um desses gêneros está definida. E, para o patriarcado, quem não pertence a nenhum desses dois nem existe ou existe como uma aberração e, portanto, precisa ser eliminado.

Essa construção de gênero que resulta no rosa é de meninas e azul é de meninos não tem a ver com verdade, ou o que entendemos por verdade. Essa ideia é uma narrativa construída para nos fazer acreditar, por exemplo, que o homem que faz o trabalho doméstico "ajuda".

Essa narrativa também diz que corpos transexuais não têm uma função definida e, portanto, não merecem existir. Não à toa, vivemos no país que mais mata corpos trans pelas mãos das mesmas pessoas (quase cem por cento homens)[6] que mais se utilizam desses corpos para objetificá-los e sexualizá-los. Ou corrigi-los, como acontece com

6 "Brasil lidera consumo de pornografia trans no mundo (e de assassinatos)", por Bruna Benevides para a **Revista Híbrida** (2020). Disponível em: https://revistahibrida.com.br/brasil/o-paradoxo-do-brasil-no-consumo-de-pornografia-e-assassinatos-trans/. Acesso em: 26 abr. 2023.

os "estupros corretivos". Sim, estupro corretivo[7] é o nome que usam.

Para conseguir criar narrativas como essa é muito importante ter histórias que reafirmem seus preceitos e nos convençam. A história da Branca de Neve com os Sete Anões é uma delas.

Flávia Biroli, ainda no livro *Gênero e desigualdades*, revela que o que chamamos de dependência é dependência financeira. Fomos ensinadas assim. "Ela depende dele", quer dizer, "Ela depende do salário dele" ou "É ele quem banca a casa". Então, ouvimos isso e pensamos "poxa, é verdade". Só que nunca associamos a dependência às práticas de vida. E o que são as práticas de vida? Comer, dormir, usar roupa limpa, viver numa casa boa, ter os filhos cuidados, com horários organizados. A Flávia vai falar que a nós, mulheres, é atribuído o cuidado com essas práticas de vida.

Às mulheres é atribuído o cuidado com o nascimento.

Às mulheres é atribuído o cuidado com a alimentação.

Às mulheres é atribuído o cuidado com o vestir.

7 Para saber mais sobre o assunto, leia estes textos.
"Cresce número de denúncias de estupros 'corretivos' contra lésbicas, segundo especialista", por Sílvia Mugnatto em Direitos Humanos na **Câmara dos Deputados** (20 jun. 2018). Disponível em: https://www.camara.leg.br/noticias/540765-cresce-numero-de-denuncias-de-estupros-corretivos-contra-lesbicas-segundo-especialista/. Acesso em: 26 abr. 2023.
"Estupro corretivo: entenda o crime de violência sexual contra lésbicas", por Camila Brandalise para o **Universa UOL** (4 fev. 2019). Disponível em: https://www.uol.com.br/universa/noticias/redacao/2019/02/04/estupro-corretivo.htm. Acesso em: 26 abr. 2023.
"No Brasil, 6 mulheres lésbicas são estupradas por dia", por Vitória Régia da Silva para a **Gênero e Número** (22 ago. 2019). Disponível em: https://www.generonumero.media/reportagens/no-brasil-6-mulheres-lesbicas-sao-estupradas-por-dia/. Acesso em: 26 abr. 2023.

Às mulheres é atribuído o cuidado com quem adoece.

Às mulheres é atribuído o cuidado com quem morre.

Acontece que todas essas práticas são comuns a quem existe nessa Terra. Porque se nasceu, você vai comer, tomar banho, adoecer e morrer, certo? Nós, você e o mundo inteiro. Não tem como escapar — a não ser que tenha adoecido ou morrido violentamente ou de repente.

Se é comum a todo mundo, por que o cuidado fica só conosco? Fica com essa pergunta.

O nome já diz: essas práticas são a vida em si. E o cuidado com elas não pode ser valorado em termos de dinheiro. Se o cuidado ganhar um valor, não haverá economia capaz de gerar o lucro que sustenta o patriarcado capitalista.

No "ela depende dele", pela lógica binária, o homem é o provedor — o que também já não é verdade no Brasil há muitos anos,[8] mas supondo que ainda o seja — e a mulher é quem cuida do espaço privado. Nesse cenário, *ele* tem força política porque dele provém o capital. Só que nunca falamos que para viver, e, portanto, ser um provedor, *ele* depende dos espaços de cuidado *dela*. Assim, o cuidado não é considerado uma prática política importante. Só que o cuidado é uma prática política importante, sim. E gera dependência em quem provém, pois sem ter o que comer, sem ter uma casa limpa, sem receber o cuidado num momento de doença, não há como ter uma vida minimamente digna.

---

8 "Pesquisa revela que 48,7% das famílias são chefiadas por mulheres: 'Mãe empreendedora', diz moradora de SC", por Ana Vaz e Clarìssa Batìstela para o **Portal G1 SC** (23 jan. 2022). Disponível em: https://g1.globo.com/sc/santa-catarina/noticia/2022/01/23/maes-empreendedoras-pesquisa-revela-que-487percent-das-familias-sao-chefiadas-por-mulheres.ghtml. Acesso em: 26 abr. 2023.

Então, o que o patriarcado capitalista foi fazendo?

Lembra da pergunta ali de trás?

O patriarcado capitalista foi promovendo um apagamento do cuidado como prática política feminilizando esse cuidado. Feminilizar uma prática significa criar uma narrativa de que aquela prática é inerente àquele corpo feminino. Se é inerente, é daquele corpo, como uma vocação. Aquele corpo está fadado ao cuidado, essa é a função dele e negar é desobedecer a uma ordem que nos rege. Então, o cuidado não é algo que precise ser compartilhado, porque existe um corpo que carrega os sentidos de quem cuida. Não pertence a mais ninguém, só à mulher. É por isso que chamamos de ordinário. E por ser ordinário não está em disputa, não tem força política fora do espaço privado. A força política está na prática de prover, de ter controle sobre o capital.

Nessa balança, a mulher ganha outro espaço político: o de dentro de casa. Porque a nossa capacidade de cuidar está voltada para as práticas da vida, não para o capital. E as práticas da vida estão do lado de dentro da casa.

Começa assim:

"Só eu que sei dar banho na minha filha."

"Quando ela está chorando, é só no meu colo que ela dorme."

"Só eu sei como dobrar essa camisa."

"O meu marido só usa a camisa que eu passo."

"Ah, essa torta de berinjela que eu faço é a melhor torta de berinjela. O quê? Meu marido não vai separar de mim porque eu faço essa torta de berinjela, do jeitinho que ele gosta."

"Porque eu sei quanto tempo o ovo precisa cozinhar para ficar com a gema mole."

E assim, desse jeitinho, vamos nos dando esses pequenos espaços de poder, de poder e direito privado, para criar um imaginário de que temos força política. Mas saber o tempo de cozimento do ovo para a gema ficar mole não tem nada a ver com força política. A força política está com quem diz como deve ser a gema. E os contos de fadas vão regulando o nosso corpo pela regulação do corpo das princesas para nos vangloriarmos do modo como dominamos a gema. É retirada de nós a possibilidade de pensar politicamente porque estamos ocupadas com a gema, com o cuidado da alimentação, com o que é ordinário.

Mas, no Atreva-se, nós gostamos de abrir frestas. E se conseguíssemos um espaço em que todo mundo se ocupasse do ordinário? Certamente, estaríamos inventando um mundo onde todos teriam acesso ao extraordinário, como falamos no texto de introdução sobre as princesas clássicas.

Quando escutamos, por exemplo, que o feminismo é uma luta por igualdade, discordamos. Para nós, os feminismos são uma luta política pela derrubada do patriarcado capitalista. E qual é a força motriz do capitalismo? O lucro. Então, a lógica do lucro é o que sustenta a vida de quem está sob a égide dessa ideologia. O lucro só existe a partir de exploração. Não tem nada que sustente o lucro que não seja a exploração de algo (mão de obra, matéria-prima). E o que seria uma lógica contrária à lógica do lucro? A lógica do cuidado.

Aí o filósofo, teórico político, historiador, intelectual e professor universitário camaronês Achille Mbembe cria o conceito da necropolítica, que é a forma como o poder social e político se organiza para decretar quais pessoas devem e podem viver e quais pessoas devem e podem morrer. Do que entendemos do pensamento do Achille, o poder social e político diz, então, quais corpos carregam os signos de poder e podem e devem viver, e quais corpos sofrem o poder e, portanto, podem e devem morrer. O corpo que representa poder precisa do corpo que sofre o poder para existir. No fim, a necropolítica não é uma política que gera a morte. É uma política que depende da morte, que se sustenta na morte.

O patriarcado é uma necropolítica que se sustenta no feminicídio, que se sustenta numa mulher sendo estuprada a cada dez minutos, conforme falamos no capítulo anterior, sobre a Bela. O patriarcado precisa de uma mulher sendo estuprada a cada dez minutos para que o corpo do homem seja entendido como o corpo do poder.

A branquitude, segundo o economista e professor Mario Theodoro, "não permite espaços para outras visões e valores e naturaliza as desigualdades. 'Quando o país mergulha na branquitude, mergulha em um conjunto de valores únicos onde a grande maioria não se encaixa. É uma sociedade para poucos onde se naturaliza que muitos não tenham nada'".[9] Dizemos que é uma forma de necropolítica quando faz do corpo branco o representante do poder na ideologia capitalista e, para sustentar essa narrativa, precisa que um corpo preto seja destituído da condição de sujeito.

A cisgeneridade também é uma forma de necropolítica quando toma para si a narrativa do que é um corpo "natural" e, para se sustentar, precisa dos estupros corretivos, precisa que pessoas trans sejam assassinadas ou "suicidadas".[10]

---

9 "O Pacto da Branquitude, por Cida Bento", por Cristina Fernandes para **CEERT** (13 abr. 2022). Disponível em: https://www.ceert.org.br/noticias/44659/o-pacto-da-branquitude-por-cida-bento. Acesso em: 8 jun. 2023.

10 Para saber mais sobre o assunto, leia estes textos.
"Brasil registra 131 mortes de pessoas trans e lidera ranking mundial pela 14ª vez", em **Brasil de Fato** (26 jan. 2023). Disponível em: https://www.brasildefato.com.br/2023/01/26/brasil-registra-131-mortes-de-pessoas-trans-e-lidera-ranking-mundial-pela-14-vez. Acesso em: 8 jun. 2023.
"Precisamos falar sobre o suicídio de pessoas trans!", por Bruna Benevides para a **Antra** (29 jun. 2018). Disponível em: https://antrabrasil.org/2018/06/29/precisamos-falar-sobre-o-suicidio-das-pessoas-trans/. Acesso em: 8 jun. 2023.

Se tirássemos o lucro do centro das nossas relações e colocássemos o cuidado, seria intolerável, por exemplo, que uma pessoa trabalhasse 45 horas por semana e não tivesse tempo para cuidar da própria casa. Seria impensado uma empresa colocar uma creche dentro da fábrica, que fica aberta até as dez da noite. "Só com brinquedo de madeira, comida orgânica, interações com a natureza."[11] A criança tem o livre brincar até as dez horas da noite para a mãe se acabar de trabalhar sem precisar se preocupar com o lugar onde deixar a criança. Essa é uma lógica de lucro, não é uma lógica de cuidado.

Quando estamos pautadas numa lógica de lucro, é possível destruir uma montanha. É possível ouvir coisas do tipo "foi preciso mandar embora x por cento da fábrica porque o lucro estava diminuindo sensivelmente". É possível ouvir que o Elon Musk é o cara, que ele tem o dinheiro para acabar com a fome do mundo. Incensamos esse homem para desviar a atenção do fato de que para haver um bilionário (e a figura de um bilionário é importante dentro da lógica patriarcal capitalista) é preciso haver um monte de gente se matando de trabalhar, passando fome. Para que uma quantidade de privilégios seja colocada num corpo de poder, um tanto de direitos é arrancado de outros corpos.

Paulo Galo é uma liderança incrível e um baita filósofo. Ele criou o Entregadores Antifascistas durante a pandemia de covid-19, um movimento para denunciar as condições de trabalho precárias dos trabalhadores de aplicativos de alimentação. Galo tem uma frase que traduz essa relação entre

---

11 "Natura estende benefício de berçário para os pais colaboradores", por Karin Salomão para a **Exame** (11 dez. 2018). Disponível em: https://exame.com/negocios/natura-estende-beneficio-de-bercario-para-os-pais-colaboradores/. Acesso em: 26 abr. 2023.

privilégios e direitos: "Os privilégios se alimentam de direitos". E isso é um pouco do que estamos tentando revelar aqui.

A personagem da Branca de Neve vem nos contar que limpar a casa é uma delícia. Que é muito simples com a música de fundo, que se fizermos isso seremos mais amadas. Podemos pendurar roupa dançando com os passarinhos, que isso não é um trabalho árduo, que isso não é algo que fazemos por obrigação, é algo que se faz por instinto. É a natureza que faz com que executemos essas tarefas tão bem. E essa narrativa vai sendo reproduzida de incontáveis jeitos, inclusive quando a branquitude cria uma fantasia sobre equidade de gênero, como se fosse possível pensar em equidade em um sistema apoiado em exploração.

Agora, vamos imaginar que você consiga ser CEO de uma grande empresa. Nada mais justo que, ao atingir tal cargo, você (mulher) tenha os mesmos direitos que o CEO anterior (homem), o mesmo salário, mesmos benefícios etc. Ainda assim, você (mulher) vai precisar terceirizar a sua função de gênero na sua casa. Para isso você contrata uma babá, uma cozinheira, uma faxineira e um motorista (já que a rua é dos homens). Mesmo sendo bilionária, a sua função de gênero continua sendo cuidar da casa, então você até pode ser bilionária, mas só se der conta da sua função de gênero, mesmo que seja "organizando a criadagem".

Então, essa suposta bilionária — que não é nenhuma de nós, no fim das contas — contrata uma mulher. Provavelmente, uma mulher preta. Daí, a bilionária veste essa mulher de branco e diz que é por conta da higiene, mas sabemos que não é. Imagine se a babá está sem a roupinha branca em um clube de elite e um príncipe se apaixona por ela achando que ela é uma princesa? Isso geraria um problеminha de classe. Porque existe um pacto de classe. E o pacto de classe é também um pacto de raça.

Simone de Beauvoir, a filósofa, vai falar disso lindamente em *O segundo sexo*:

> Essas fraquezas do feminismo têm suas causas nas dissensões intestinas: em verdade, como já se disse, as mulheres não são solidárias enquanto sexo; acham-se primeiramente ligadas à sua classe; os interesses das burguesas e os das mulheres proletárias não coincidem (vol. 1, p. 177).

Basta ver como se comportaram no sufrágio, quando, para garantir o direito ao voto das mulheres brancas, não lutaram pelo direito ao voto das pessoas negras. O pacto de classe e raça veio antes do pacto de gênero.

É um pouco também como os pactos do patriarcado, não é? Foi assim que nos tiraram o clitóris, por exemplo.

Tá tudo lá numa série documental *Fundamentos do prazer* (Netflix, 2022). A série conta que, no século 17, os anatomistas consideravam o clitóris "uma parte do corpo". Lá pelos idos de 1925, Sigmund Freud, conhecido como o pai da psicanálise, decreta no livro *Três ensaios sobre a teoria da sexualidade* (várias edições) quais são os orgasmos "corretos" e diz que o orgasmo clitoriano é um orgasmo infantil.[12]

Depois disso, no livro mais importante de anatomia dos anos 1940, *Gray's Anatomy* (não é a série), o clitóris nem é citado. O clitóris só voltou para os livros de anatomia em

---

12 "Entenda como Freud criou o maior mito sobre o orgasmo feminino", por Maura Martins, em Estilo de Vida, no **Mega Curioso**, Estilo de Vida (7 jul. 2022). Disponível em: https://www.megacurioso.com.br/estilo-de-vida/122396-entenda-como-freud-criou-o-maior-mito-sobre-o-orgasmo-feminino.htm. Acesso em: 26 abr. 2023.

2005. Sim, 2005. E por causa de uma urologista chamada Helen O'Connell, que, pela primeira vez na história, mapeou o clitóris inteiro! Por dentro e por fora. Nosso mais sincero agradecimento a essa médica.

Então o clitóris desapareceu dos nossos corpos em 1948 e retornou magicamente em 2005? Não, isso não tem a ver com a verdade... Tem a ver com a realidade que se quer produzir a partir das narrativas que serão criadas. Para o patriarcado, é importante que a gente não conheça o clitóris, por exemplo. É melhor que não conheçamos a possibilidade de não precisar de um pênis para sentir prazer, é melhor que aprendamos que a nossa vulva é um buraco vazio que precisa ser preenchido. É melhor para o patriarcado e para a cisgeneridade que nossos corpos sejam reduzidos e traduzidos por nossas funções biológicas e fenótipos e, por isso mesmo, boicotados.

É melhor para a narrativa capitalista patriarcal que a gente sinta prazer em limpar uma casa, e que se a gente não sentir esse prazer, que pelo menos a gente sinta a culpa de não sentir. É melhor que o corpo branco, masculino, hétero, cisgênero e considerado capaz seja o corpo associado ao poder. É melhor porque a gente vai construindo as lógicas binárias que se sustentam entre um corpo que exerce o poder e um corpo que sofre poder. Quanto mais próximo das camadas que exercem poder nós estivermos, mais privilégios teremos. Quanto mais distante, menos privilégios.

Nem lembrávamos que o conto da Branca de Neve era tão antigo... O primeiro filme é de 1937 e segue vivíssimo, porque vai sendo reestruturado, ganhando novas roupagens e sentidos. A figura da Branca de Neve é ainda muito consumida mundo afora, muitos produtos derivam dessa história.

Produto comercializado e consumido que se origina num corpo violado.

Esse conto é particularmente perigoso porque nele naturalizamos a violação do corpo da menina. Ela é doce e linda, é pura. Ocupa um lugar santificado no imaginário infantil. E ela é corajosa, conquista uma autonomia, consegue viver longe do castelo, é uma sobrevivente, uma fortaleza que sobreviveu à floresta. As meninas falam disso nas escolas: a Branca de Neve é tão linda, tão alegre, tão corajosa. Linda, alegre, corajosa e violada. Ela estimula o hábito de sonhar com um príncipe encantado, e o desejo é tanto que esquecemos que ele é um abusador e que, pelas leis atuais,[13] pode ser considerado um estuprador.

O conto também tem um aspecto perverso quando, em certo momento da história, apresenta um corpo inanimado, inerte. É um corpo que não só *pode* ser violado, como *precisa* ser violado. O príncipe é autorizado a violar a menina porque dessa forma ele vai despertá-la.

Mas isso não está só no filme da Branca de Neve, está no filme do Almodóvar também.

Em *Fale com ela*, de 2002, escrito e dirigido pelo diretor espanhol, em uma das cenas mais lindas do filme, o enfermeiro estupra a paciente que está em coma. Almodóvar usa um recurso de cinema mudo como se fosse uma situação fantástica e não fosse situação real. Ao estuprar a paciente, ele a engravida, e a gravidez a tira do coma. Saímos do cinema sentindo ternura pelo enfermeiro estuprador, afinal ele a amava e a salvou.

---

13 "Beijo roubado é crime? Estupro ou importunação sexual?", por Luiz Sérgio Barroso para o **JusBrasil**, 2019. Disponível em: https://www.jusbrasil.com.br/artigos/beijo-roubado-e-crime-estupro-ou-importunacao-sexual/677054934. Acesso em: 26 abr. 2023.

Então, a partir de uma leitura do tema problemática como essa, uma dúvida perigosa e útil ao patriarcado pode começar a se plantar na nossa cabeça quando acontece um estupro, ou uma violência: "Será que a história foi assim mesmo? Será que ela não pediu? Será que ele entendeu que ela não queria? Será que ela deixou claro?".

as belas que adormeceram

Na infância, era um dos meus contos favoritos. Menina cativante, acompanhada de três fadas madrinhas divertidas, via a beleza em tudo, além de ter uma voz belíssima. Como não achar o filme convidativo para uma criança? Sem mencionar o vestido rosa. Ah, o vestido rosa me chamava bastante atenção. Inclusive eu tinha um vestido parecido, que eu costumava usar para brincar com minhas amigas.

O fato de a bruxa, assim chamada no conto e, consequentemente, por mim, ter amaldiçoado a princesa me despertava uma ansiedade em descobrir como a história se desenrolaria. Ela não foi convidada para a festa de boas-vindas da princesa e por conta disso amaldiçoou um bebê? Será que a princesa iria picar o seu dedo em uma roca de fiar mesmo? Será que ela viveria para sempre na floresta com as três fadas, sem se relacionar com alguém ou rever os seus próprios pais? Será que ela iria receber realmente o beijo do amor verdadeiro ou iria dormir por cem anos? Imagina alguém dormindo por cem anos! Na minha cabeça, isso não fazia sentido.

Bom, a princesa Aurora conheceu o seu amor verdadeiro antes mesmo de saber que era ele. No meio da floresta, um desconhecido, uma moça jovem com uma voz encantadora. Era o tão famoso conto de fadas... amor à primeira vista.

É, realmente ela picou o dedo na roca e dormiu por cem anos. Quem a acordou? O desconhecido da floresta. Sim, ele era o príncipe a quem ela foi prometida logo após nascer. E eles se casaram, vivendo o famoso e esperado "felizes para sempre".

Hoje em dia, eu percebo o quanto esse "conto de fadas" e até mesmo o "foram felizes para sempre" se distanciam desse conto e de vários outros. Saber que histórias como essas, que nos acompanharam desde a infância, só dão mais ênfase ao machismo do cotidiano nos faz ter consciência de como nós, infelizmente, acabamos, de certa forma, adotando isso na infância. Fico feliz em saber que há lutas, lutas que visam ao bem de todes.

Pode ser que, para alguns, o que eu aqui falo não faça tanto sentido com o que foi contado pela Jamily da infância, refiro-me à história do conto. Se você for reler e assistir ao conto da Bela Adormecida novamente, abrindo a mente e enxergando o que o conto em si passa, você perceberá, assim espero, que o que é tratado na história vai muito mais além do "final feliz", e pode ser que esse "final feliz" não seja tão feliz assim."

JAMILY QUEIROZ, 23 ANOS

Nossa leitura

Ela é amaldiçoada.

Fura o dedo em uma roca por ser desobediente.

Dorme.

Dorme.

Dorme.

Um príncipe a beija, eles se casam e são felizes para sempre.

Na vida real

O conto *A Bela adormecida*, como os outros, tem muitas camadas, mas em uma coisa ele é único e é sobre essa coisa que vamos nos debruçar.

Uma mulher desacordada (ou bêbada) não só pode como deve ser violada.

É insuportável como essa narrativa ocupa o nosso cotidiano. Como os homens, mesmo os estupradores, ainda ocupam o imaginário feminino como príncipes encantados. Ou, se não tanto, ficaram como os que não têm culpa. Afinal:

— Ela estava bêbada, pediu.

Fim.

a cinderela — quando nos jogaram umas contra as outras

Era uma vez uma princesa loira, magra e muito bonita. Mas, antes disso, eu preciso contar que ela era uma menina sem mãe e sem pai. Cinderela era a filha querida que se tornou órfã após a morte de seu pai.

Ela, em pouco tempo, de filha herdeira passou a ser a empregada na sua própria casa. Tudo passou a ser comandado por sua madrasta. Cinderela era maltratada, humilhada, não era reconhecida como legítima filha de seu pai e ficava escondida em casa. A madrasta era uma mulher muito má e tinha duas filhas feias e mimadas que tinham muita inveja da órfã boa de coração. "Cinderela, faça isso. Cinderela, limpe aquilo", elas gritavam. E a mocinha passava o dia todo trabalhando para as três mulheres.

Um belo dia, como todos os dias belos dos contos de fadas, as mulheres da casa receberam um convite para ir ao baile do príncipe casadoiro. Todas menos Cinderela. A festa consistia em apresentar ao príncipe a sua futura esposa. A madrasta tratou de arrumar as duas filhas para o baile e deixar Cinderela presa no porão para evitar a concorrência.

Apesar do destino cruel, Cinderela era abençoada por forças mágicas e uma fada madrinha apareceu e transformou ratos em cocheiros, abóbora em carruagem e um trapo de tecido em um belíssimo vestido. Cinderela conseguiu ir ao baile escondida da madrasta e de suas filhas. Ela foi feliz carregando apenas uma advertência: chegar antes da meia-noite, pois o feitiço ia se desfazer e tudo voltaria à triste realidade anterior.

O príncipe se encantou com ela e dançaram a noite inteira. Ao sair, quase meia-noite, Cinderela deixou cair seu sapatinho de cristal. O príncipe desesperado mandou que fossem de casa em casa para encontrar a dona do sapatinho. A sua querida futura esposa.

Quando os encarregados do rei chegaram na casa de Cinderela com o sapatinho, ela, contra a vontade da madrasta e suas filhas, conseguiu escapar do porão e pediu para experimentar o sapato que corria o vilarejo. Estava finalizado o martírio da pobrezinha! Ela era a dona do sapato e do coração do príncipe. Casaram-se e viveram felizes para sempre.

Sempre me pergunto onde estava a mãe de Cinderela. E em seguida me lembro que o pai já era viúvo e casado com uma mulher má desde o início da história. A sensação de que uma mulher sozinha, sem pai e nem mãe, pode ser algo extremamente perigoso nos contos de fadas me angustiava.

E a fantasia de ir a uma festa que resolveria todos os meus problemas me assombrou a infância inteira. As festinhas de adolescentes que frequentei tinham um ar de "a chance de Cinderela" para as meninas. Meu referencial de mulheres que invejam mulheres e são capazes das piores coisas por um casamento feliz e endinheirado começou provavelmente ali. Esse conto, além das conversas das vizinhas de minha mãe, inaugurou o estímulo para que eu acreditasse que as mulheres não são amigas de mulheres.

Ao escrever este texto, revisito as minhas antigas fantasias de ter um vestido bonito de baile e o atualizo com o sentimento de indignação pelo elenco masculino desta história. Um monte de bunda-mole machista. Felizes foram as irmãs de Cinderela.

A deselegância das duas, segundo o filme, foi a salvação das moçoilas. Com sorte, elas não se casaram e ficaram com o patrimônio da família, livres de trabalhar para um esposo. (Pode tirar essa parte — kkkkk)

ADRIANA JORGGE, 52 ANOS

Nossa leitura

Como já dissemos, quando começamos a estudar as lógicas patriarcais e a pesquisar seus dispositivos e como eles atuam também nos contos de fadas, não fica dúvida: são didáticos. São uma construção muito sofisticada, porque criam um ideal de amor, de relacionamento e, ao mesmo tempo, criam uma subjetividade que é responsável por considerarmos como natural o que é abuso, violência e exploração. As adaptações para o cinema são muito objetivas em criar ferramentas para que todo o mundo aprenda com essas histórias o que é amor, por exemplo.

Vamos à Cinderela.

Vai ter um baile? Não. Vai ter uma vitrine para expor todas as mulheres de todos os reinos para que o príncipe escolha a sua futura esposa. A professora Valeska Zanello fala muito bem sobre essa vitrine no seu *A prateleira do amor*. Isso mesmo, a história é sobre um cara que vai *escolher* dentre todas as moças, de todos os reinos, com quem ele vai se casar! Soa familiar, não? No futuro relacionamento que se desenha a partir dessa busca pela noiva, o homem é o "Um" e a mulher o "Outro". Quem dita as regras? O "Um". O que resta ao "Outro"? Tentar ser legitimado pelo "Um".

A questão fica mais evidente quando racializada. O livro do cientista social e professor da Unifesp Deivison Faustino sobre o psiquiatra Fanon, chamado *Frantz Fanon e as encruzilhadas,* é brilhante para falar sobre essa ideia introjetada nos sujeitos na condição de "Outro" de querer ser "Um", mesmo sem nunca poder sonhar com isso. Diz o Faustino:

> Essa busca pelo mundo branco revela uma raiva afetiva em se sentir *pequeno*, uma raiva que precisa ser compensada e só pode sê-lo pela aproximação com o "superior" (Fanon [1952] 2020). E, ao mesmo tempo, um empreendimento desesperado para escapar — mesmo que por sua confirmação — das consequências da racialização. Lamentavelmente, para o negro, todas as tentativas de transfigurar-se — e, principalmente, de transgredir —, em função da linguagem racista, são frustradas pelo peso da realidade colonial: o que importa é que o negro *deseje* ser branco, *veja-se* como branco e, se possível, *comporte-se* como um, mas *nunca* seja, de fato, branco, a ponto de ser considerado *um de nós* (2022, p. 83).

Evidentemente, as lógicas binárias ultrapassam a questão entre homem e mulher. E servem para justificar as inúmeras opressões cometidas por quem manifesta o jeito "Um" de ser: homens e mulheres, pessoas brancas e não brancas, Europa e América Latina, cristãos e não cristãos, cisgêneros e transgêneros etc.

No conto, a opressão cometida pelo "Um" do príncipe encantado acontece quando ele diz: "Gente, preciso ter uma pessoa a quem concedo a oportunidade de ser a parceira do 'Um' que eu sou, quer dizer, preciso me casar". E é nesse momento que o conto nos avisa que, em sendo o "Outro", nós, mulheres, precisamos nos adequar para ter a chance de sermos escolhidas por esse "Um" e, assim, poder ocupar um espaço ao lado dele.

Então, a Cinderela se anima com a ideia de poder ser a escolhida. O triste é que o que ela precisaria de verdade para ser feliz é de uma advogada, e não de um príncipe, porque a casa é dela. E com uma boa advogada ela colocaria a madrasta e as filhas para fora, ficaria tranquila com a herança do pai e viveria sua vida de herdeira.

Voltando ao enredo original, antes de morrer, a mãe, no leito de morte, diz: "Filha, você precisa ser corajosa e gentil". O pai, assim que a mãe morre, arruma uma nova mulher com duas filhas terríveis e, antes de partir para uma viagem, que vai durar sabe Deus quanto tempo, diz: "Filha, eu sei que elas são terríveis (Oi???), mas lembre-se de sua mãe, seja gentil e corajosa". Ele diz isso e VAI EMBORA!

Ela sofre muito na mão dessas mulheres — evidentemente, a perversão é feminina; o pai nem sabe o que está acontecendo —, mas sofre com gentileza porque ela é adorável. Ela é doce, gentil, corajosa e compreensiva. Ela tenta ser amada pelas irmãs, que são terríveis, e pela madrasta, que é um horror. Ela tenta muito ser amada por essas mulheres, só que não consegue.

Então chega o convite para uma festa de arromba. Cinderela quer muito ir, porque ela quer se divertir um pouquinho, não é nem por causa do príncipe. Ela sabe que ela nem vai se casar, mas quer muito se distrair e aquela festa promete. A madrasta e as filhas descobrem que ela queria ir à festa, se dão conta de que ela pode ser uma grande concorrente e logo arrumam um monte de tarefas para ela fazer (na casa que é dela).

Cinderela precisa lavar escada, roupas, corredores, limpar os quartos. Exausta, ela toma aquela droga que circula pelos contos de fadas e que faz com que quem bebe consiga terceirizar suas funções para passarinhos e ratinhos felizes, e, no meio da viagem, conversa com uma amiga imaginária. Ela não pode ter amigas reais, afinal. Porque mulheres não são amigas entre si, mulheres disputam o espaço de poder concedido pelo homem.

Aqui estamos falando de uma lógica bem heteronormativa porque o conto é heteronormativo e serve para impor essa lógica a todos nós. Mas também estamos falando sobre uma performatividade de gênero que ainda está em todas as relações, sejam elas homoafetivas, poliafetivas, com duas, três, dezoito ou trezentas e cinquenta pessoas.

Cinderela alucina, repetindo "Meu Deus, preciso de ajuda, preciso de ajuda", até que aparece a fada madrinha. A fada diz:

"Estou aqui para te ajudar. Toma essa abóbora, toma esses ratinhos, segura e acredita com toda a sua fé que essa abóbora vai virar uma carruagem e vai te levar para a festa. Toma um vestido bonito, esse sapatinho um pouco desconfortável e não se esqueça do mais importante: não pode voltar depois da meia-noite". Mas por quê? "Porque você não pode se jogar, menina, você é boa, recatada e do lar, tem que chegar cedo em casa, que nem uma moça direita."

Bom, ela chega no baile muito louca, abraçada com uma abóbora. Começa a se divertir, encontra o príncipe, eles dançam, eles se apaixonam, o sino toca e ela precisa ir embora. Sai correndo e perde o sapato. O rapaz acha o sapato e vai atrás da dona daquele sapato. Ele entra com o seu séquito em todas as casas do reino e ordena que as mulheres experimentem aquele sapato. Aquele sapato não cabe no pé de ninguém.

É um pé muito específico que cabe naquele sapato. Delicado, apesar do trabalho árduo. Só pode ser de uma moça muito corajosa e gentil, que sofre muito por fazer o trabalho duro de cuidar de uma casa inteira sozinha e ainda assim ser doce, gentil e corajosa. Magicamente, todas essas qualidades se manifestam no pé dela. Sim, não tem lógica nenhuma, mas é isso aí!

Finalmente, o príncipe encontra a dona do sapato, os dois se casam e são felizes para sempre sem nem ao menos terem tido mais de uma hora de papo. O filme nos *ensina* que existe uma conduta, um jeito como você precisa se comportar se quiser ser a escolhida, se quiser ser o "Outro" de um "Um" e viver isso como um casamento feliz.

Na vida real

Ainda hoje — e assim será enquanto tolerarmos o sistema patriarcal e fizermos dele algo inerente à nossa existência —, o homem branco é quem porta os sentidos do "Um", é ele quem exerce controle e poder. As mulheres — e todos os corpos compreendidos como "Outro" — orbitam em torno desse homem. Então, ouvimos: "Ah, mas as mulheres competem muito entre si". É verdade. As mulheres competem muito entre si. E por quê? Porque o espaço do "Um" que é legitimado pelo patriarcado nos é concedido, não é um direito, e quem concede é um homem. Branco, cis, hétero, rico ou influente e considerado capaz. Quanto mais dessas características ele tiver, mais poder de controle e concessão sobre os espaços ele tem.

Quando a mulher ou "Outro" é escolhida por esse príncipe encantado, o "Um", é como se recebesse dele um "vale poder", mas que vale tão somente enquanto o "Outro" estiver ao lado do "Um". Por isso esse espaço não é nosso por direito, esse espaço é nosso por concessão. Então, qualquer pessoa que ofereça um risco a essa concessão que nos foi ofertada é nossa inimiga. No caso, outras mulheres na vitrine.

A perspectiva, ou expectativa, de ser escolhida vai incutindo na nossa forma de existir uma espécie de "chave para o sucesso". Há uma conduta, um jeito como você precisa se comportar caso queira ser a escolhida. Esse jeito é ser obediente, gentil, delicada. É falar abaixo e não rir muito alto. Não pode ser espalhafatosa, nem ficar na festa depois da meia-noite, muito menos encher a cara. Ou seja, você não pode ser o que cem por cento das mulheres (aqui leia-se "Outro") são. Você não pode ser "imperfeita". Isso é um massacre cerebral, e acontece desde muito cedo.

Alguém sabe o nome do príncipe? Não precisamos saber o nome do príncipe porque o príncipe existe em si. Ele é o "Um". Ninguém discute sobre o "Um", não é? O "Um" não precisa ter nome, ele simplesmente é.

Se o "Um" te escolheu, você agarra esse "Um" e faz de tudo na sua vida para não perder o espaço concedido por ele. E aí está mais um conto de fadas que nos ensina a chamar de amor o que é violência. O "Um" não faz mal, quem faz mal são as mulheres. As mulheres fazem mal umas às outras; o "Um" não tem nada com isso. O conto vai se ocupando desse pedaço da subjetividade, nos tornando vilãs de nós mesmas.

Lembrando que nós falamos sempre sob o ponto de vista sistêmico, nunca sob o ponto de vista individual. A metodologia do Atreva-se é fazer com que o individual, o pessoal, revele o que é sistêmico. É muito comum as pessoas levarem essas discussões para o lado pessoal, principalmente os homens — obviamente eles ficam muito amolados com essa história. É importante lembrarmos a todo momento que se trata de uma estrutura, e que a gente precisa atuar nessa estrutura. Porque é para montar essa estrutura que o patriarcado cria os dispositivos.

Por isso a Cinderela está tão viva no nosso imaginário. A moça linda, esforçada, gentil, que saiu do lugar de serviçal, de oprimida e, de repente, como em um passe de mágica, se torna a escolhida! Esse esquema evolutivo está muito próximo de um desejo cotidiano que pauta as relações. Só que afeta demais relacionamentos afetivos quando nos faz acreditar que precisamos ser escolhidas, que não precisamos escolher, precisamos estar disponíveis e andar na linha.

Em *A Bela e a Fera* a violência é bem escancarada, em *Cinderela* não, é mais fluida. É quase uma dança. Faz parecer que a submissão é uma característica que nasce do fato de ela ser gentil e corajosa; ela se torna especial ao ser abusada. Se você não cuidar, continuará para sempre esperando ser escolhida. É muita crueldade com as meninas, com as mulheres, com o "Outro", deixar para esta pessoa, esse "Um", a liberdade de escolher quem ele quiser! E ela fica nesse lugar da espera, de quem não decide, de quem não tem escolha. Pense você em um ponto esperando um ônibus que nunca passa.

Essa narrativa reverbera em todos os lugares, e o cotidiano escolar é um grande laboratório para se firmarem as lógicas patriarcais capitalistas. O menino novo do nono ano, e que é bonito e interessante, é quem vai fazer a escolha dele. Todo mundo que responde por "Outro" fica à sua disposição. Mesmo que os jovens não tenham lido o conto ou assistido ao filme da Cinderela, a Cinderela está por todos os cantos. Ela é a festa de 15 anos, é o vestido de noiva, é uma estrutura fantasiada de sonho. E que gera igualmente muita dor e muito lucro.

E essa dor que não tem idade. Mulheres de várias faixas etárias sofrem por não ser a Cinderela, por estar no baile e não ser a escolhida. E passam a vida nesse lugar da esperança de que uma hora pode acontecer. De que uma hora o amor verdadeiro vai chegar e vai te arrebatar, e finalmente tudo vai fazer sentido. E elas vão conseguir manter esse amor — *quando* e *se* ele aparecer — porque a manutenção do amor é responsabilidade da mulher na medida em que ela é que tem que atender os padrões impostos pelo "Um"! Aí, se o tal príncipe se revela um sapo e a relação desanda, a culpa é dela, ela que não está cuidando do príncipe como deveria.

É essa dimensão, de ser escolhida, que traz para a nossa performatividade de feminilidade a incumbência de cuidar. O conceito "masculinidade tóxica", o conjunto de regras sociais que define e determina o comportamento masculino, é tão bizarro quanto a construção da feminilidade, o conjunto de regras sociais que define e determina o comportamento feminino. Tanto um quanto outro servem a uma lógica binária.

Ninguém sabe o que a Cinderela fez de tão especial para receber aquele amor. É aleatório. Basta estar pronta. Você tem que estar sempre pronta para estar lá, você não pode perder aquele momento, porque, se perder, o príncipe dança com outra. Você está sempre em uma posição de alerta, pois é você que vai perceber aquele momento e vai avisar o "Um", vai criar um espaço para que aquela história de amor seja vivida na sua máxima intensidade para que aquele príncipe se convença de que aquela experiência que ele viveu com você é uma experiência de amor, e que vale a pena continuar.

A teórica feminista bell hooks vem com um pensamento diametralmente oposto a esse. Preta, ativista militante, professora, dedicada a pensar nos afetos e em como estes são também ferramentas de luta, hooks nos faz pensar que o exercício do amor é um ato político. Amor é um exercício, é uma opção, é uma escolha. Você escolhe amar, ela diz. O amor é algo construído politicamente, não é aleatório, não é uma bênção de um anjo azul.

Lembra quando falamos que o patriarcado, para se manifestar, precisa acontecer no cotidiano? Ele precisa acontecer na casinha, em cada uma das nossas casinhas. Esse é o homem na condição de regulador do estado e do lar. O chefe (presente ou ausente) nas nossas casinhas. Os contos de fadas em geral, e especificamente *Cinderela*, constroem esse imaginário de que, ao encontrar esse regulador do estado, você vive em paz, com amor e em harmonia.

No patriarcado capitalista, o casamento é a única maneira efetiva e legítima de manifestar amor. E o casamento se estabelece a partir da tal da família de bem: um homem branco e cis, uma mulher branca e cis, que se amam e têm filhos brancos e cis. É isso o que se compreende como legitimidade da manifes- tação do amor.

E os contos de fadas nos contam de uma maneira muito eficiente que a manutenção desse estado de amor é da mulher. Atrela às mulheres a condição de cuidadoras. Faz parecer que o amor é algo frágil, que pode e vai ser quebrado a qualquer momento, então você precisa se empenhar de maneira muito efetiva para que esse cristalzinho não se quebre, porque, se quebrar, a responsabilidade é sua. É atrelada à mulher essa dimensão do cuidado e é atrelado ao cuidado a dimensão do afeto.

Quando falamos de amor e de cuidado no corpo de uma mulher, estamos falando de trabalho gratuito para o capital, porque o capital não existiria — considerando que o princípio do capital é o lucro — se nós, mulheres, não nos entendêssemos como portadoras do cuidado. Leia Silvia Federici, que nos conta como o nosso corpo serve para o patriarcado capitalista de maneira tão intrínseca. Em *Calibã e a bruxa*, ela revela o quanto o patriarcado precisou exterminar qualquer possibilidade de o nosso corpo ser autônomo e livre. O assassinato de mulheres na fogueira por trezentos anos consecutivos de Inquisição perpetuou o medo percorrendo a nossa coluna vertebral.

O nível de controle é absurdo, as narrativas são sofisticadas e nada têm a ver com a verdade. Como a história de que a mulher cuida da casa e o homem do dinheiro não tem nada a ver com a verdade. Mas é preciso que a narrativa se mantenha.

Para ter uma sensação maior de acolhimento e segurança, vamos construindo uma ideia de que existe uma via paralela ao patriarcado. Queremos acreditar que grandes pensamentos e pensadores ocupam essa via; que, quando falamos de filosofia, psicanálise, literatura, arte etc., estamos falando de algo apartado e não constituinte do patriarcado. Como se fosse possível estarmos seguras em algum lugar dentro desse regime.

Temos essa fantasia também com os sistemas que dão suporte à sociedade, o judiciário, a saúde pública, o educacional. Temos essa fantasia de que é possível, dentro desse regime, encontrar pontos de apoio e viver de maneira plena. Se não tivermos a mínima crença de que esses sistemas atuam também em nosso favor, entramos em colapso. Se não tivermos a certeza de que a psicanálise, por exemplo, vai nos acolher, colapsamos. Fica insuportável existir. É muito difícil aceitar que o mundo do qual participamos foi criado para aniquilar mulheres. Que a justiça, por exemplo, não é sobre atos e decisões justas, mas sobre manter os espaços e signos de poder exatamente onde estão.

Basta ver como se desenrolou o caso de uma estudante branca que roubou quase 1 milhão de reais e seguiu estudando[14] e o caso do rapaz negro amarrado e carregado pela polícia militar de São Paulo após um suposto roubo de duas caixas de

---

14 "Aluna da USP que desviou quase R$ 1 milhão de fundo de formatura destranca o curso de medicina e volta a frequentar faculdade", por Lívia Machado para o **G1 SP** (3 mar. 2023). Disponível em: https://g1.globo.com/sp/sao-paulo/noticia/2023/03/03/aluna-da-usp-que-desviou-quase-r-1-milhao-de-fundo-de-formatura-destrancou-curso-de-medicina-e-voltou-a-frequentar-a-faculdade.ghtml. Acesso em: 14 jun. 2023.

bombom.[15] É dilacerante aceitar que a educação contemporânea serve para aprendermos os códigos patriarcais da branquitude; que a educação não é sobre derrubar o patriarcado e melhorar o mundo, mas sobre mantê-lo.

Então, o Atreva-se entra em uma escola propondo um jogo e descobrimos que uma menina sofreu violência. Aí, ouvimos: "Ah, você precisa indicar qual o caminho que essa menina precisa fazer". Acontece que não existe esse caminho. Não existe um caminho que ela faça que garanta que ela está segura. Amaríamos dizer "olha, pode procurar o Centro de Referência da Assistência Social, um CRAS mais perto de você. Ali, com certeza você vai ter uma assistência massa de uma mulher especialista em violência e vai ter um atendimento e depois isso vai ser passado para a Vara de Família e você estará protegida". Só que essa segurança não é possível. Os corpos que portam os sentidos de "Outro" estão em risco no mundo que legitima só o corpo do "Um". Todos esses pensamentos e construções sustentam o patriarcado em vez de combater. Quando muito remediam para poder continuar sustentando.

É isso, a Cinderela nos diz, desde muito cedo, que é cada uma por si, que tudo está nas nossas mãos: se comportar para ser escolhida para, depois de escolhida, manter a escolha do príncipe, o que garante nossa segurança. Se não somos escolhidas, ficamos soltas e perdidas. A nossa existência se legitima pelo "Um" que nos concede um espaço de vida, de amor, de segurança.

---

15 "Homem negro amarrado por PMs em São Paulo tem liberdade negada", por Henrique Lessa para o **Correio Braziliense** (10 jun. 2023). Disponível em: https://www.correiobraziliense.com.br/brasil/2023/06/5100919-homem-negro-amarrado-por-pms-em-sao-paulo-tem-liberdade-negada.html. Acesso em: 14 jun. 2023.

a jasmine — ou o dia em que caí na lábia do golpista

No imaginário

A Jasmine. Ela é uma menina. É uma princesa que, para virar rainha, vai casar e os pais dela trazem um monte de pessoas.

E ela se apaixona por um menino, e ele também. Só que, a cada minuto do filme, a única coisa que ele faz é mentir que ele é um homem rico, que não é. Que ele mora numa mansão que ele não mora.

E a única coisa que ele faz é mentir. E a coisa que eu gosto desse filme é nada.

LINA AUN WONG, 8 ANOS

Nossa leitura

Essa é simples. Jasmine se apaixona por alguém que mente para ela, com quem se casa. Um homem que mentiu para ela do primeiro ao último encontro. Ele mente em absolutamente todas as cenas. Ela descobre a verdade através do vilão.

E ainda assim o Aladim sai de salvador!

Conta para a gente: se você fosse a Jasmine, subiria no tapete de um homem que só mentiu para você? Se sua resposta foi não, cuidado com as caronas. Cuidado com a juras de amor sem que você perceba os atos de amor. No seu *Tudo sobre o amor*, de 2001, bell hooks diz que “o amor é o que o amor faz. Amar é um ato de vontade — isto é, tanto uma intenção como uma ação. A vontade também implica escolha. Amar é um ato da vontade” (p. 47). O amor, se não pode ser traduzido em ações, ocupa o espaço do imaginário, como um lugar a ser alcançado. No fim, mesmo que ele, o objeto amado, minta para você hoje, não tem problema, uma hora tudo vai valer a pena.

As violências do Aladim são justificadas como atos do herói que ele ainda vai se tornar por causa da descoberta do verdadeiro amor. (Preguiça.) Aqui o mocinho nem precisa ser um “homem de bem”. Quer dizer, a história do Aladim e da Jasmine nos conta que nem na idealização do amor romântico o homem precisa ser decente. Nem em sonho. Nenhuma dessas princesas se apaixona por um homem decente, bacana, gente boa!

Em uma escola, pedimos que os alunos recontassem as histórias das princesas depois da problematização gerada pelo jogo. Um grupo recontou assim: “A Jasmine era uma menina rica, querendo viver uma aventura romântica, entra no Tinder. Conhece o Aladim, se apaixona e depois descobre que era o Golpista do Tinder”.

Que bom quando a estrutura é revelada!

Na vida real

Sim, o homem desejado e fonte da paixão da Jasmine não vale nada. Quantas mulheres incríveis você conhece que estão saindo com homens boçais? Quantas pessoas brilhantes, e ainda assim lidas como “Outro”, se relacionam com pessoas medíocres lidas como o “Um”?

Esse “Um”, mesmo que medíocre, é quem representa o poder, e quem representa o poder não sofre porque não é um corpo regulado. Ninguém diz para um menino parar de arrotar porque isso não tem a ver com repreensão por falta de educação. Assim como não tem a ver com educação dizer para uma menina falar baixo, sentar de pernas fechadas. Esse tipo de repreensão é uma forma de regular o corpo feminino desde sempre. Quando ela é repreendida e o menino não é, a mensagem passada para a menina é a de que o corpo dela é vigiado, controlado e regulado por normas que nada têm a ver com educação ou com a falta dela, por exemplo.

A mulher não se depila porque acha bonito ou higiênico. Essa foi uma narrativa criada para produzir uma realidade que supostamente está pautada em beleza e higiene íntima. Mas essa indução de pensamento não tem a ver com beleza, tem a ver com um corpo que precisa ser regulado, controlado, vigiado. E a narrativa pode ser tão forte que chega a levar a extremos como eliminação total dos pelos pubianos, por exemplo.

O mesmo não acontece com os homens, cujos pelos não são feios e nem sujos. Muitas vezes são até festejados. No entanto, se um homem quiser depilar seus pelos, ele tem essa opção. Ele tem essa escolha. Que não será malvista, diga-se. Será encarada apenas como uma escolha. Já uma mulher que não se depila é rapidamente taxada de suja, masculinizada, desleixada. A mulher não tem escolha, a mulher tem enfrentamento. Esse é um exemplo didático da diferença entre o corpo que exerce poder e o que sofre.

Historicamente, o patriarcado já engordou as mulheres, estrangulou suas costelas com espartilhos e amarrou os pés das bailarinas. Os exemplos de signos criados para identificar "mulher" são inúmeros. Submetemos muitos corpos a esses signos chamando-os de "natural" ou de "feminino". Sendo que, obviamente, não são. Enxergamos esses signos como dispositivos, armadilhas que transformam narrativa em cultura e criam realidades que servem para manter o patriarcado capitalista em vigência. Só que o patriarcado capitalista é perigoso, mas é bem frágil — ou é perigoso justamente por ser bem frágil.

Então os corpos trans, corpos que apanham até de algumas feministas, são atacados por "performarem um gênero". Como se o que entendemos por homem ou mulher não fossem mais que meros combinados que, de tão frágeis, não podem ser questionados. Tudo é performance de gênero. E pedimos ajuda para quem veio antes de nós para pensarmos sobre isso.

Para Simone de Beauvoir, em *O segundo sexo*:

> Ninguém nasce mulher: torna-se mulher. Nenhum destino biológico, psíquico, econômico define a forma que a fêmea humana assume no seio da sociedade; é o conjunto da civilização que elabora esse produto intermediário entre o macho e o castrado que qualificam de feminino. Somente a mediação de outrem pode constituir um indivíduo como um Outro. Enquanto existe para si, a criança não pode apreender-se como sexualmente diferenciada. Entre meninas e meninos, o corpo é, primeiramente, a irradiação de uma subjetividade, o instrumento que efetua a compreensão do mundo: através dos olhos, das mãos e não das partes sexuais que apreendem o universo. O drama do nascimento, o da desmama desenvolvem-se da mesma maneira para as crianças dos dois sexos (2016, vol. 2, p. 11).

Para a filósofa, teórica e acadêmica estadunidense Judith Butler, "existe uma maneira de categorizar os corpos? O que as categorias nos dizem? As categorias nos dizem mais sobre a necessidade de categorizar os corpos do que sobre os próprios corpos".[16] Para o filósofo e escritor feminista transgênero Paul B. Preciado:[17]

> O trans sempre é um ato político. Em uma sociedade em que existe uma epistemologia binária e na qual nem o discurso médico nem o jurídico contemplam outro tipo de gênero que não seja masculino ou feminino, afirmar-se trans é situar-se no lugar da patologia e submeter-se a uma terapia de gênero que permita atravessar essa fronteira e ir a outro lugar. Se você se opõe a esse diagnóstico médico patologizante, se trata sempre e em todo caso de uma posição política. É tão político como o herético que, no século XV, se opunha à existência de deus. Essa epistemologia binária é a epistemologia da diferença sexual que, de todas as formas, está morrendo e nos últimos 50 anos em uma crise extraordinária.

Talvez por isso o corpo trans seja tão incômodo para essas lógicas de poder, por representar um corpo em trânsito, sem controle; um corpo onde o binário não consegue operar. Mas a função de gênero precisa ser resguardada. Assim, quando um corpo trans diz que essa função de gênero é transitória, que você pode ultrapassar e ao ultrapassar você pode inventar um mundo novo, a ideologia vigente não suporta.

---

16 "Quem tem medo de Judith Butler? A filósofa que libertou as minorias", por Sérgio Maggio para o **Metrópoles** (7 nov. 2017). Disponível em: https://www.metropoles.com/tipo-assim/quem-tem-medo-de-judith-butler-a-filosofa-que-libertou-as-minorias. Acesso em: 8 jun. 2023.

17 "Paul B. Preciado: 'O sujeito do feminismo é o projeto de transformação radical da sociedade em seu conjunto.'", por Mariana Almeida para o **Passarparola** (14 out. 2019). Disponível em: https://medium.com/passaparola/paul-b-preciado-o-sujeito-do-feminismo-%C3%A9-o-projeto-de-transforma%C3%A7%C3%A3o-radical-da-sociedade-em-seu-7d6c4c728f8d. Acesso em: 8 jun. 2023.

As pessoas trans nos contam que esse limite não existe mais. Na leitura de *A invenção das mulheres*, da Oyèrónkẹ́ Oyěwùmí, descobrimos isso. Quando Oyèrónkẹ́ nos conta que o conceito "mulher" chegou na Iorubalândia junto com a colonização, percebemos que o que o transfeminismo, uma corrente do feminismo voltada às questões da transgeneridade, propõe não é novo, em vez disso, é revolucionário. E é justamente aí que está a potência.

Melissa de Oliveira escreveu um livro importantíssimo que

se chama *Mulheres e loucura*. Quando conversamos no podcast do Atreva-se, ela levantou um tema que abriu um daqueles abismos imensos em nós: falou sobre a feminização da loucura, que é a loucura construída como conceito junto com o "conceito mulher". Um ato em um corpo que performa feminino pode ser considerado loucura e o mesmo ato num corpo que performa o masculino não o será.

Partindo dessa ideia, um homem que enlouquece é um homem que se feminiza. Mas não no sentido da sexualidade, e sim no sentido da subjetividade. Esse homem perde o controle e, quando isso acontece, ele se feminiza. Segundo o patriarcado capitalista, o "controle" é algo inerente ao homem. E para que esse preceito se torne verdade, a mulher precisa ser "a descontrolada". A ex-presidenta Dilma gritando é histérica; o ex-presidente Temer gritando é enérgico. É sobre o grito? Não. É sobre quem, no patriarcado, pode ou não gritar. É sobre quem pode ou não validar um ato. Afinal de contas, um príncipe trancou a mulher num castelo e jogou tudo no chão, o outro beijou uma mulher que estava dormindo, um terceiro mentiu do início ao fim e teve aquele que invadiu a casa das pessoas para experimentar um sapato no pé das meninas. Ainda assim, completamente descontrolados, são eles os salvadores por quem as meninas devem esperar pacientemente e torcendo para serem escolhidas.

Sendo um homem, você pode ser um completo imbecil e chegar à presidência de um país. E isso não é só no Brasil, não, basta ver Donald Trump nos Estados Unidos. Se puder, leia o livro *Casta*, da jornalista estadunidense Isabel Wilkerson. Ela traz a ideia, dentre outras coisas importantíssimas, de que Hitler não era um gênio, mas um imbecil, um homem sem escrúpulos. E é verdade, não é?

Hitler foi um homem perverso, atuando na base de uma política inescrupulosa, sem nenhum rigor com a verdade, nem com a ética, nem com a empatia. Sem rigor com nenhum valor. E lidou com a paixão das pessoas, paixão como nos ensina o filósofo Baruch Espinosa, aquela que faz com que a pessoa perceba a sua capacidade de existir. As pessoas se sentiram representadas por essa paixão. A paixão iguala, deixa todo mundo no mesmo nível. E esse homem se fez líder pela aproximação com o que as pessoas tinham de pior. "Ah, mas ele era muito inteligente." Não, ele não era. Era um canalha. O episódio[18] do humorístico *Greg News* sobre o Elon Musk é didático nesse sentido. Ele diz que Musk não é um gênio, que ele é da família mais rica da África do Sul e roubou muita gente para ficar milionário.

Procure também o palestrante de política e youtuber Thiago Torres, conhecido como Chavoso da USP, falando sobre o Silvio Santos, e sobre mais um monte de gente que vende a narrativa da meritocracia, no *Az Ideias Podcast*.[19] Silvio Santos não ganhou dinheiro porque era camelô. Ele ganhou dinheiro porque mentiu

---

18 "Elon Musk", episódio do Greg News (33'37") na **HBO** (6 maio 2022). Disponível em: https://www.youtube.com/watch?v=1vYkNF4HtBs. Acesso em: 30 abr. 2023.

19 "Todo mundo acha que o Silvio Santos era pobre", episódio do **Cortes Az Ideias Podcast** (14'05"), por **Cortes Az Ideias** (15 jun. 2022). Disponível em: https://www.youtube.com/watch?v=ZzDPZJbStWs&t=22s. Acesso em: 30 abr. 2023.

para as pessoas comprarem títulos de capitalização que não eram títulos de capitalização. Ele roubou o Brasil inteiro. Não é um gênio, é um mentiroso.

No *Ecofeminismo*, livro incrível de Vandana Shiva e Maria Mies, Maria diz que o grande perigo se instaurou quando passamos a atrelar inteligência e violência a poder. Quando o poder se traduz como uma faceta da violência e vice-versa, ele ganha mais força que a inteligência. Violência e inteligência atreladas a manifestações de poder nos fazem ter a impressão de que ser violento é ser inteligente. Crescemos ouvindo que Hitler era mau, mas era um gênio, por exemplo.

Por aqui, em terras brasileiras, de 2019 a 2022, enfrentamos quatro anos de mentiras, de violência, de esvaziamento da confiança que podemos ter uns nos outros, na democracia e em "tudo isso aí". Isso não é inteligência, não é estratégia. Isso é violência! E, como em um passe de mágica, a violência é legitimada como estratégia ativa, se torna algo possível, tangível; como se fizesse parte do jogo, como se fosse inevitável e necessária. Não é necessária, é criminosa. E são esses homens que estão representados em príncipes mentirosos como Aladim.

Não precisa ser inteligente, divertido, bem-humorado, bacana, digno. Ele pode mentir para você, pode mentir muito, o tempo todo, e ainda assim você vai acreditar que ele é um cara possível de ser amado. Mais do que isso, se você for amada por esse cara, significa que você ganhou na loteria. É isso que estão nos falando desde muito cedo e em muitas esferas, não só no amor. No trabalho também fica evidente que, muitas e muitas vezes, qualquer "Um" medíocre é mais poderoso que qualquer "Outro" brilhante.

Não é uma questão de talento nem de capacidade. É uma narrativa de superioridade que cria uma realidade. E essa narrativa vem com dispositivos que nos fazem acreditar nessa realidade inventada. Essa narrativa precisa ser muito bem contada e repetida em vários espaços e por muitas pessoas ao mesmo tempo. Senão essa história não se sustenta.

O patriarcado capitalista e colonizador cria "um delírio de poder", para usar uma expressão inspirada em Fanon, que, em *Pele negra, máscara branca*, nos conta que o negro é uma invenção do branco. Essas alucinações, esses delírios de poder precisam de dispositivos convincentes. Talvez por isso o presidente da empresa ocupe o andar mais alto do prédio. Ele ocupa o alto do Olimpo, diz que só tem quinze minutos para uma reunião, levanta no meio desses quinze minutos e um funcionário comenta "a gente tem que tomar cuidado porque a hora dele é muito preciosa, então eu não sei quanto tempo eu vou conseguir com ele". Como se só a hora dele importasse.

Existe todo um imaginário de inacessibilidade construído em volta desse homem que faz com que ele ocupe esse espaço. Se ele se torna acessível, ele não pode ocupar esse espaço. Se esse homem tiver agenda livre sempre, ele não pode ocupar esse espaço. Ele precisa ser o inacessível que tem um dia muito difícil e em quem é muito complexo chegar. Essa é a função de quem ocupa o último andar do prédio. Então, ocupar o espaço do poder não depende do homem em si, depende do imaginário construído em volta desse lugar e das funções de gênero que esse homem vai exercer.

Contos de fadas como os da Jasmine nos induzem a compreender e ver o mundo sob uma perspectiva que diz que a partir do momento em que um homem se torna inacessível, esse homem passa a ser poderoso e desejável. Então, você precisa correr atrás dele. E no tempo dele, não no seu tempo. Mesmo que ele seja um mentiroso, como é o Aladim.

a pequena sereia — ou não era amor, era autoanulação

Era uma vez uma princesa do mar, uma sereia cheia de irmãs, filha do rei Tritão. Toda a família era humana da cintura pra cima e peixe da cintura pra baixo. Todas as filhas de Tritão eram excelentes cantoras (afinal, esse é um dom de sereia)!

Ariel, umas das sereias, além de uma linda voz, tinha uma grande curiosidade pelo mundo fora do mar, o mundo daqueles que são humanos da cintura pra cima e da cintura pra baixo e, portanto, no lugar de rabo de peixe, têm um par de pernas.

Ariel vivia passeando (ou mergulhando) em navios naufragados para procurar objetos que pudesse colecionar em seu esconderijo. Ninguém podia saber das suas pesquisas, seu pai proibia qualquer contato com humanos (e coisas humanas).

Mas a princesa também ia à superfície dar uma olhada nos navios que não tinham naufragado e espiava os humanos em suas vidas, respirando ar e se locomovendo sobre pernas.

Em um desses passeios, Ariel é surpreendida por uma tempestade violenta que faz o navio que ela observava afundar. A sereia salva o homem que dançava e se divertia no navio, leva-o para a praia e canta para ele. Quando ele acorda, vê aquela linda moça, que foge rapidamente. Atordoado, o rapaz não percebe que a moça não é moça, é sereia. E fica com aquela lembrança em seu coração, desejando reencontrá-la, pois soube desde o primeiro acorde que era o grande amor da sua vida.

Ariel também quer reencontrar aquele homem e faz um acordo com a bruxa do mar: troca sua voz por um par de pernas e vai à superfície com a missão de conseguir um beijo num tempo curto.

O tal rapaz também é um príncipe e, apesar de lamentar que aquela jovem muda não seja o grande amor da sua vida, acaba se encantando por ela. Quando o prazo está terminando,

ele finalmente vai beijá-la, mas a bruxa do mar (espertalhona e traidora) se transforma em uma bela jovem usando a voz de Ariel e atrai o príncipe para si. Seduzido pela voz da paixão, o príncipe deixa Ariel sem beijo e vai atrás da bruxa disfarçada.

No fim da história, com ajuda de seu pai, que descobre tudo, a bruxa é desmascarada, Ariel tem sua voz recuperada e, de quebra, ganha o par de pernas em definitivo. Casa, portanto, com o príncipe e é feliz para sempre.

Eu nunca me conformei com essa história. Nunca consegui entender como uma criatura que vive no mar poderia querer viver na terra! Como uma sereia poderia querer deixar de ser sereia por causa de um homem, um x que ela nem conhecia... Eu, ainda criança, mas na beira da adolescência, queria ser uma sereia mais que tudo: viver no mar, cantando, nadando e tomando um sol de vez em quando.

Quando, mais velha, soube que o canto da sereia servia para levar os homens para o fundo do mar para que servissem de refeição, gostei mais ainda das sereias. Afinal elas não eram aquele ser sedutor, sensual e belo, mas monstros terríveis e assassinos! A identificação foi ainda maior! Cresceu junto com o conhecimento do tremendo mal que os homens causam — às mulheres, à natureza... ao mar!

Então, essa história me marcou por identificação até a metade (a metade peixe), por indignação na outra metade (a metade humana) e, mais tarde, por admiração (aí foi o corpo completo — peixe, humana, voz, garras, dentes).

MAYSA LEPIQUE, 45 ANOS

Ao relembrar minhas memórias de infância ao assistir à Pequena Sereia, *me vêm lembranças de liberdade, curiosidade, proteção e amor.*

O mar sempre me trouxe a sensação de liberdade, quando eu assistia à Ariel desbravando todo o oceano e descobrindo novas coisas, eu me lembro o quanto meus olhos brilhavam em querer vivenciar essa experiência. Lembro também da proteção de seu pai, rei Tritão, que não deixava ela ir até a superfície por conta dos humanos, e eu via que minha mãe também tinha essa superproteção. E, por fim, ela ter trocado sua cauda por par de pernas, isso para mim era incrível na época, ela tinha encontrado o grande amor da vida dela e seriam iguais.

Hoje, ao assistir novamente, vejo que ela trocou a liberdade, suas vontades, escolhas e opiniões para viver, a todo momento, vontades e realidades de outros, com o aceite de seu pai, que também dizia que ela seria feliz e estaria segura com o príncipe. Atualmente, vemos muito esse tipo de atitude onde a sociedade nos impõe que seremos felizes em um casamento, em uma realidade longe de nossos gostos e vontades, na maioria das vezes nos fazendo adoecer. Exemplo disso é que uma grande paixão por um homem a faz trocar sua realidade em vista do humano, ficando sem voz, porém com pernas para ser submissa e entregue à realidade do príncipe por quem era apaixonada. Com isso, vejo que não gostaria de viver essa fantasia que parecia tão incrível ao longo da infância.

INGRID CORREA, 21 ANOS

Nossa leitura

Uma vez, falando das princesas em um jogo em uma escola, quando chegou o momento de falarmos sobre *A Pequena Sereia*, uma menina levantou do outro lado da sala e falou: "Não, não, não, na Pequena Sereia vocês não mexem!".

Por que *A Pequena Sereia* é tão sedutora para as meninas? Temos alguns palpites...

Primeiro, porque ela fala exatamente desse momento de desabrochar. O filme mais conhecido abre com uma festa de debutante, quando a aniversariante deixa de ser menina aos olhos dos outros e passa a ser mulher. Então, ela começa a se perceber sendo vista, sendo desejada, começa a se perceber tendo um corpo. Um corpo que ocupa um espaço diferente daquele que o corpo ocupava até aquele momento. Ela quer mudar de vida e romper com o *status quo* no qual está inserida.

A Pequena Sereia deseja ter pernas. Essa é uma maneira que ela encontra de romper com as regras da família. Ela acha a família um saco. Ela tem afeto, gosta das pessoas, respeita o pai, mas não tem aquela vontade de ficar lá cantando que nem as irmãs. Ela quer sair daquela teia. Maysa Lepique, atriz e nossa parceira na luta antipatriarcal, nos disse uma coisa muito interessante, que é muito característico desta fase, a adolescência: querer romper tudo o que foi construído até ali e andar com as próprias pernas (aqui literalmente!). E Ariel luta por essas pernas até conquistá-las. Talvez venha daí essa identificação tão forte das adolescentes.

A Ariel é uma princesa que, aparentemente, consegue construir a sua própria narrativa, a sua história. Porque a Cinderela não constrói, nem a Rapunzel, nem a Bela Adormecida. A Pequena Sereia não reconhece o lugar que é dela como um espaço onde possa romper os tais paradigmas da adolescência. Ela precisa se transformar em outra coisa. Ela precisa deixar de ser o que é. E ela acredita que ter pernas é o que vai fazer com que ela ganhe a sua identidade. Acontece que ela é uma sereia, ela não tem pernas. Então, já se começa desde muito cedo a dizer que, para você construir a sua identidade, você precisa ser algo que você não é.

Bom, nesse bololô, sem se reconhecer nela mesma, ela se apaixona por alguém que tem pernas. Ela se apaixona por um homem e não faz ideia de quem ele seja. É, obviamente, uma idealização, porque ela quer muito ser uma humana. Logo, quando acha um humano, simplesmente diz "é esse cara aí que eu quero para mim", e está tudo resolvido. Não é muito diferente de todas as primeiras grandes idealizações das nossas paixões. (Mas tem gente que fica nesse padrão de idealização até a última paixão.) Para poder ter alguma chance de conquistar esse homem, Ariel precisa do quê? De pernas! Ou seja, precisa deixar de ser quem ela é e passar a ser o que o outro tolera.

É aí que surge a Úrsula, a vilã, que é uma mulher-polvo grande, gorda, que na animação é inspirada na Drag Queen Divine, nascida nos EUA e falecida em 1988. Aqui é importante frisar que os filmes já vão dizendo de uma maneira muito eficiente quais são os corpos que servem para o amor e quais são os corpos que têm inveja. Então, o corpo gordo é um corpo invejoso, perverso. Úrsula é velha, gorda, tem uma estética que remete ao universo LGBTQIA+ dos anos 1980. O rancor só cabe a ela, a tristeza só cabe a ela, a raiva só cabe a ela. Não cabe a Úrsula uma experiência de amor ou parceria, só cabe a ela inveja. E é ela que fala para a Ariel: "Eu ofereço isso para você, eu consigo te dar essa autonomia!".

A narrativa já aproveita para dizer também que a autonomia que a menina adolescente tanto almeja precisa estar atrelada a um espaço de violência. Essa narrativa nos conta que você não é capaz de construir a sua autonomia num espaço de rede, só é capaz de fazer isso num espaço de violência. A partir daí, associa a autonomia a algo perigoso, insubordinado, algo que demanda rompimento com toda a família, com todo o mundo. E Úrsula entra em cena para materializar esse rompimento, essa violência. "Meu bem, me dá aqui sua voz. Me dá a sua condição de sereia, que eu te dou a condição de humana."

E a Ariel aceita. E assina um papel dizendo que aceita abrir mão da própria voz e da condição de quem ela é para viver um grande amor. Conscientemente! Ela consente. A Ariel consente que seja arrancada dela a sua voz.

Bom, ela vai para a terra. De perninhas. E ela se encontra com o príncipe. Nesse encontro, ele reconhece o rosto de Ariel, mas não reconhece a voz porque ela está muda. Ela perdeu a voz. Mas o filme conta que foi ela que abriu mão da própria voz. A culpa não é dele. A responsabilidade não é dele. Ela que quis abrir mão das coisas que são importantes para ela para ficar com ele. Ela está lá sem voz e vai tentando achar um jeito de se comunicar. Eles vão vivendo ali uma historinha mais ou menos. Ele acha que não é a Ariel, porque afinal de contas não tem a voz dela. Mas, ao mesmo tempo, ele vai se encantando por ela.

Até o momento em que Úrsula se transforma numa mulher, canta com a voz que era da Ariel e ele fica encantado. Os olhinhos dele ficam como olhinhos de quem está enfeitiçado. Ele para de olhar para tudo e só olha para aquela mulher que o enfeitiçou. Aquele amor que ele estava sentindo pela Ariel, mesmo sem ouvir a voz dela, aquele amor que estava sendo construído é trocado por um encantamento e esse cara deixa de estar com a mulher que ele ama para estar com alguém por quem ele está encantado. Segundo o filme, a responsabilidade pela traição desse cara é do encantamento, não é dele. Não é o cara que diz "eu vou ali dar um rolê".

Então, o pai de Ariel, Tritão, descobre o que está acontecendo e vai salvá-la. Também é um homem, um peixe homem, mas um homem. É sempre um homem o salvador, o pai ou príncipe. Esse homem descobre que a Úrsula está querendo prejudicar a filha dele e ele tem mais uma briga épica com Úrsula. Porque os dois brigam por poder faz muito tempo.

Mas Tritão é um homem em todos os estereótipos, é quase o Deus do cristianismo com rabo de peixe. Ele é um homem velho, musculoso, de barba branca. Então ele vai resolver o problema e diz que quer pegar a filha de volta. O caranguejo, que era seu capanga e fica amigo da filha, conta a ele que a Ariel está apaixonada por aquele rapaz do naufrágio. O rei decide conceder espaço para aquele amor. A experiência da vida da mocinha é ser pleiteada por um cara e concedida por outro.

A partir disso, a menina que queria autonomia passa a perceber essa autonomia, ou o que ela chama de autonomia, em um casamento. Ela rompe com os paradigmas de poder que a prendiam até aquele momento e fica certa de que é o casamento que vai torná-la livre. Só que esse casamento, que supostamente vai libertá-la (ficamos sem saber, porque o filme acaba), é que tira dela sua identidade, porque ela nunca mais vai ser uma sereia. Ela perde a condição de ser quem ela é. Então, aquela voz que ela recupera já é uma voz de alguém que não é mais ela mesma. E ela segue feliz para sempre nesse casamento.

O filme tem também mais uma camada que diz que o humano é que é o civilizado. Que a civilização e a civilidade estão no corpo que representa o humano. Seguindo esse raciocínio, Ariel deixa de ser selvagem para ser humana. Aqui o patriarcado se manifesta, pois uma figura que detém o pensamento é uma figura chamada civilizada, e a figura que detém a natureza é chamado de selvagem. Então, é óbvio que ela, a selvagem, vira humana, e não ele, homem, vira peixe, selvagem; senão, não seria uma história que serve de maneira tão escancarada ao patriarcado. Ela é que deve ser controlada, que deveria se tornar obediente, e é alçada, quase promovida, à dimensão de humana.

Na vida real

A Pequena Sereia elenca muitos assuntos importantes, que vamos colocar em tópicos:

1. A "outra"

"Ah, não, isso é história de conto de fadas, claro que a gente sabe que ele não foi enfeitiçado!" Corta para um vídeo[20] da Marília Gabriela entrevistando a Lucinha Araújo, a mãe do Cazuza. Tem um momento, depois de a Lucinha afirmar que era fiel, em que a Marília Gabriela pergunta se a recíproca era verdadeira, se o pai do Cazuza era fiel. A resposta de Lucinha não é uma resposta, é uma desculpa. Ela acaba admitindo que era traída, mas usa as qualidades do marido para justificar as traições. Ele era bonito, rico, importante e interessante. Por isso, era muito assediado pelas mulheres e ele não tinha como não ceder.

É exatamente isso que *A Pequena Sereia* está dizendo. Ele é um homem muito bonito, ele é muito encantador e as mulheres ficam lá em cima dele, dando em cima dele. As mulheres o

---

20 "Gabi recebe Lucinha Araújo — parte 1", episódio do **De frente com Gabi** (12'53") do **SBT** (6 jul. 2014). Disponível em: https://www.youtube.com/watch?v=F_bO9oWO5Xs&t=341s. Acesso em: 30 abr. 2023.

seduzem. Ele não tem como não viver essa história. Senão, não seria atuar na sua condição de homem.

A Marília Gabriela, então, emenda um comentário sobre esse comportamento estar vinculado ao gênero masculino, ou seja, homens são assim e não podemos esperar nada de diferente. E Lucinha completa com algo como não poder reclamar as atitudes do marido porque ela tinha sido muito feliz. E nós perguntamos: A que custo?

Elas conversam sobre isso como se fosse a coisa mais normal do mundo uma mulher ser traída e dizer que isso não era um combinado entre eles, mas que era algo que ela aceitava, porque o amor que ele sentia por ela compensava isso. Afinal, como continua nos ensinando *A Pequena Sereia*, ele não está em suas condições normais, ele foi enfeitiçado. O perverso nisso é o contexto: como ele era um homem muito interessante, havia muitas mulheres querendo seduzi-lo e não tinha como escapar disso. É como se dissessem: "Das feias ainda dá pra escapar, mas das bonitas, gente, não tem como".

A gente ouve muito: "Ele estava no lugar dele, a outra que foi lá". Para onde essa ideia vai? "Eu não briguei com ele por isso, porque se alguém mexer no meu macho, eu vou lá e desmonto a mulher. A minha questão é com ela, ele faz a função de gênero dele. Se a mulher vai lá e fica dando em cima dele, é com ela a minha briga." Ele sai da briga. Ou melhor, ele é retirado da briga. A briga é entre mulheres. E rapidamente estamos na *Cinderela* de novo, em que as mulheres disputam os parcos espaços concedidos pelos homens.

2. Civilização × natureza

Para o químico holandês Paul Crutzen, vencedor do Prêmio Nobel de química em 1995, estamos vivendo a era do Antropoceno, em que as atividades humanas, desde a agricultura até a indústria (alimentos processados, tecido, eletrônicos, plástico, concreto, bugigangas e energia nuclear), fizeram um estrago tamanho e afetaram de maneira tal a vida na Terra que isso virou uma *Era*. É impossível não lembrar, nesse momento, que a principal força motriz disso tudo é o capitalismo, que, segundo o filósofo indígena Ailton Krenak, "é uma fábrica de brinquedo novo para menino mimado".

Por aqui, ao invés do Antropoceno, preferimos usar o conceito que o Malcom Ferdinand apresenta no seu importantíssimo livro *Uma ecologia decolonial*, o Negroceno, "que designa a era em que a produção do Negro visando expandir o habitar colonial desempenhou um papel fundamental nas mudanças ecológicas e paisagísticas da Terra" (2022, p. 79). Ou o "plantationceno" proposto por Donna Haraway e Anna Tsing e citado por Ferdinand, que nos contam que a "Plantation" não se limita às fronteiras da propriedade rural ou da fábrica. Ela designa as injustiças espaciais globais, as relações de poder e de dependência entre lugares situados em diferentes pontos da Terra. Assim, a violência da "plantation é confinada em um longínquo lá, enquanto os produtos finais são consumidos em um tranquilo aqui" (idem, p. 67). Portanto, o

> plantationceno lança uma luz sobre as violências humanas dos locais de produção, sobre as hierarquias raciais e misóginas, sobre as desigualdades, sobre as formas de escravidão e de misérias operárias, sobre os riscos sanitários mecânicos e tóxicos, expondo a produção política de Negros do mundo: seres cuja exploração e misérias sociais são conjugadas a uma exclusão do mundo (ibidem).

Se puder, leia o livro do Malcom Ferdinand. Há muito mais coisas interessantes nessa leitura.

O fato de existirmos dentro dessa sociedade, a maneira como existimos, faz com que o mundo se deteriore. Mas falar coisas como "a humanidade não deu certo" e "foram os humanos que destruíram o mundo" é no mínimo injusto. O que destruiu o mundo e ainda consome montanhas, águas, animais e gentes é o que insistimos em chamar de "civilização", promovida pelos colonizadores brancos e patriarcais. Essa conta quem tem que pagar são eles. Vivemos o "negroceno" ou "plantationceno" pela ideia, no mínimo violenta para o planeta, de que humanos brancos não somos natureza, somos seres especiais que dominam, controlam, exploram e, sobretudo, lucram com a natureza.

O fato de, em *A Pequena Sereia*, a comunidade onde o homem vive ser considerada o "civilizado" impõe que a comunidade dela não o seja. A dimensão de civilização dele se dá na contrapartida da dimensão selvagem dela. Estratégia conhecida essa, não? A civilização compreende o selvagem como algo a ser domesticado, então a "natureza selvagem", "a mulher selvagem", "a mata selvagem". Essa associação é muito perigosa para nós. Muitas vezes falamos da "mulher selvagem" como uma saída, um enfrentamento às lógicas do capitalismo patriarcal sem nem nos darmos conta de que muitas vezes estamos apenas corroborando algo que mais nos aprisiona do que nos liberta. Se a mulher é selvagem, ela precisa ser domesticada.

Ariel achava que estava rompendo paradigmas e caiu num casamento sem a sua cauda. Muitas vezes fazemos igual, pensamos que estamos quebrando um ciclo quando na verdade estamos reproduzindo algo que é importante para o patriarcado. É exatamente o que acontece em *A Pequena Sereia*. Ariel cai numa cilada. Ela acha que o casamento é algo que a liberta quando o casamento nada mais é do que o pilar fundamental do patriarcado. Aquela menina que acha que está sendo super-revolucionária está reproduzindo uma lógica muito nociva para ela mesma.

E por que o pai aceita o casamento da filha? Por amor? Achamos que não. E apostamos que o pai aceita que a filha ganhe pernas e deixe seu mundo no mar porque, ainda assim, esse casamento mantém as lógicas patriarcais.

É como o conceito de "sagrado feminino" incensado pela branquitude cisgênera da classe média que louva uma ancestralidade que chicoteou gente no tronco, uma ancestralidade colonizadora, estupradora, responsável pela construção das lógicas que mantêm as violências de gênero, de classe e de raça bem explícitas e vivas até hoje.

Vamos louvar a nossa ancestralidade! De que ancestralidade nós estamos falando? De que relação com a natureza nós estamos falando? De que sagrado nós estamos falando? Como podemos chamar de sagrado uma lógica que é individual e absolutamente coerente com o sistema neoliberal, em que cada um vai lá, compra o seu próprio cristal, compra a sua própria agenda, abraça a sua própria árvore e se sente salva dessa lógica sistêmica da violência?

É difícil participar de uma roda de "sagrado feminino" quando não se consegue tocar nem o que é sagrado, e muito menos o que é feminino porque o que se chama de feminino é algo atrelado a uma função de gênero que serve ao patriarcado. Quando falamos de masculinidade tóxica, pressupomos que não existe uma feminilidade tóxica, porque, como existe o "sagrado feminino", o feminino — atrelado à dimensão do cuidado, da gentileza, da compreensão, do corpo que serve, e conectado com os ciclos e com a natureza — não pode ser tóxico.

Tivemos uma experiência bastante importante no Movimento Atreva-se quando, a convite da ativista Andrea Alves, da pastoral carcerária, fomos fazer um jogo dentro do presídio feminino de Franco da Rocha. Jogamos com dezessete mulheres. Em um determinado momento, uma pessoa presa falou "mulheres são mais delicadas, o feminino é gentil, feminino é doce, o feminino é acolhedor". No que, instantaneamente, outra pessoa presa perguntou: "Mas de quem você está falando? O feminino de quem, gente? Aqui não tem essa, não!". E todas nós caímos na gargalhada porque ali, naquele espaço, era impossível que essa narrativa vingasse.

Voltando para Ariel, essa pobre Pequena Sereia sai de uma realidade superautoritária, em que o pai é seu tutor, e cai num casamento cujo tutor passa a ser o marido. Que liberdade é essa que essa menina construiu? Que insubordinação é essa que ela construiu? Nenhuma. Então, o que aconteceu com Ariel?

Acompanhe conosco um raciocínio com essa armadilha aqui, que é um clássico da branquitude classe média que pratica a tal "criação com apego". Uma mulher diz: "Me tornei mãe e eu e meu companheiro escolhemos que eu fico em casa cuidando e ele sai para trabalhar". Que ótimo, não? Agora vamos imaginar aqui como seria essa conversa. Durante o jantar, a mulher, comendo comida fria porque antes garantiu o mamá e que a criança descansasse tranquilamente, inicia um assunto: "Olha, andei pensando aqui e decidi uma coisa. Decidi que vou parar de trabalhar, que eu fico em casa cuidando do bebê, de todas as necessidades dele. E, por causa dessa conexão, eu sei quando esse bebê tem fome, medo, sono, pesadelos, sei de tudo o que o angustia e tenho condição de cuidar dele sozinha, então te eximo dessa responsabilidade". Ou: "Você não precisa cuidar. Quem cuida sou eu". Ou: "Eu escolhi cuidar. Eu prefiro assim. Eu escolhi cuidar e eu prefiro ficar em casa. Eu posso ter o direito de ficar em casa, porque feminismo é você fazer o que você quiser".

Não, o nome disso não é feminismo, nem uma relação com escuta, nem uma possibilidade a se pensar. O patriarcado capitalista faz parecer que temos opções, que isso é uma decisão do casal, que cada relacionamento tem a sua forma de se organizar quanto à parentalidade. Em termos subjetivos, talvez seja verdade, mas, em termos concretos, as únicas possibilidades que uma mulher tem de abdicar do seu trabalho e não depender de cônjuge para existir é ser muito rica e/ou herdeira.

Se você pensou nessa possibilidade, pergunte-se antes: "Eu sou herdeira ou tive a sorte de ser a exceção que o capitalismo precisa criar e fiquei milionária trabalhando a ponto de poder parar?". Se a resposta for "não", você não vai poder ficar em casa sem pagar um preço alto por isso. Se você não fizer o seu dinheiro, a hora em que o amor acabar, a hora em que o seu príncipe decidir que ele não quer mais cuidar daquela criança através de você, ele arruma a mala, vai embora e você está na lama.

Para que não reste dúvida, a questão não é uma escolha ou outra, a questão é sermos levadas por uma narrativa que nos esvazia do pensamento crítico. Essa foi a armadilha em que Ariel caiu!

A ex-sereia caiu num casamento sem ser mais quem era. Perdeu a dimensão de quem era, perdeu a referência, o que dificulta que ela retome a sua condição de sujeito. Porque ela não tem o histórico de ser uma humana. Nem faz ideia do que é se comportar como uma. Ela comete várias gafes, usa o garfo como pente e o cachimbo como flauta. Essa menina caiu numa família de humanos da realeza. É o príncipe que dá a Ariel a possibilidade de existir em um mundo que é dele, e ela chama isso de liberdade. Que perigo!

Nunca entre em uma sala onde você não veja a placa anunciando a saída de emergência. Por onde a Pequena Sereia pode escapar em um mundo que não é o dela se algo der errado nesse "plano" de vida?

Nada muito diferente do que vivemos aqui, em terra firme, com pessoas de verdade. O mundo não é nosso. Quer um exemplo? Uma turma de mulheres viajando se transforma em "mulheres viajando sozinhas". Um homem nunca está viajando sozinho. Ele está fazendo uma viagem, uma expedição, se aventurando, desbravando, mesmo que ele esteja sozinho. Ninguém fala que ele está sozinho porque ele não está sozinho, ele está com o patriarcado inteiro viajando com ele dentro da mochila!

3. Qual amor o patriarcado nos guarda?

O fato de a Margaret Thatcher ter sido a primeira-ministra da Inglaterra não fez com que ela implementasse uma política antipatriarcal. A Damares Alves foi uma pessoa bastante poderosa no governo Bolsonaro, mas não fez uma gestão antipatriarcal no Ministério da Mulher. Nem Regina Duarte como ministra da Cultura. Há infinitos exemplos como esses porque o antipatriarcado não está atrelado ao gênero.

O patriarcado tem estratégias para fazer com que a mulher atue de maneira patriarcal, mesmo que ela tenha um discurso contrário a esse. Principalmente se ela não tem pensamento crítico e não tem formação — e formação não é necessariamente leitura de livro, mas leitura de mundo. Sem uma leitura de mundo, é possível cair na armadilha de que dá para se salvar sozinha, que se você der a mão para mais meia dúzia de mulheres iguais a você, você se salva. Mas por aqui temos a convicção de que o que salva é a raiva organizada. Raiva, paciência e *bom humor*.

Conseguimos entender a Lucinha Araújo quando ela diz que tudo bem porque ela amava o seu homem e, portanto, para ela isso não era traição. Entendemos porque sabemos que não é uma situação que diz respeito apenas a ela. É uma situação que exemplifica como um corpo é regulado para traduzir o amor. A questão não é apenas sermos condicionadas a compreender o amor como violência. A questão é aceitarmos a violência e chamarmos de amor. Então, perdemos a chance, a oportunidade, de viver um amor *potente*, cúmplice, pautado mais em parceira do que em rivalidade. Um amor que potencializa quem o vive, não um que cerceia, mingua, apaga.

Tem uma história que gostamos muito de contar para tentar entender essa relação de violência e amor.

Uma mulher viveu um casamento profundamente abusivo por mais de quarenta anos, até que ficou viúva. Todo mundo pensou que, de certa forma, ela ficaria aliviada. Foi quando revelou: "Ele foi o grande amor da minha vida".

Para quem está perto fica difícil dizer algo. Como questionar um amor tão fundo? Talvez lamentando muito o fato de que a grande experiência de amor que ela tenha vivido tenha sido essa.

E dá para chamar de amor?

Como é possível um homem que bateu em você, um homem que te traiu, um homem que te enganou, um homem que te violentou, um homem que fez com que você deixasse de ser quem você é, como aconteceu com a Pequena Sereia, te ame? Como é que aquele moço ama a Ariel se ele não sabe quem é a Ariel?

A Ariel era uma sereia, agora é uma humana. É muito violento e está gravemente naturalizado que aquela menina tem que deixar de ser ela para viver uma história, um grande amor. Parece que todas nós já fomos um pouco a Pequena Sereia, já tentamos caber na forma que o "Um" te entregou. Esse "Um" é quem regula, quem educa, quem legitima. O corpo que controla e não é controlado. Está gravemente naturalizado que as meninas que precisam usar as roupas certas para não serem atacadas por meninos na escola. "Ah! Na escola você não pode vir de saia porque os meninos não conseguem guardar o pinto deles dentro da calça." Já precisamos perguntar em escolas como os meninos se sentem sendo chamados de estupradores, como é para eles serem vistos como "quem não se controla". Por mais incrível que pareça, muitas vezes nós somos as primeiras pessoas a fazer essa pergunta. E é só a partir dessa pergunta que o menino percebe que se beneficia do fato de o corpo dele representar o poder e ele não precisar questionar.

as princesas modernas

Como dizem os zapatistas, a manifestação do sistema capitalista é uma *Hidra*, a criatura mítica com corpo de dragão e muitas cabeças que se regeneram se cortadas. A indústria do entretenimento é uma das cabeças dessa Hidra. Amor romântico não serve mais? Vamos de meritocracia! Princesas brancas e loiras estão começando a destoar? Vamos de pretas, indígenas, latino-americanas! E ainda dizemos que estamos evoluindo com isso... Nós apostamos que essa dita evolução é, na verdade, uma nova cabeça da Hidra que nasceu daquela que trazia um elemento que não servia mais e precisou ser cortado do pescoço.

A indústria capitalista é capaz de dialogar com o mundo tal qual ele se apresenta para não perder o poder sobre as narrativas. Produtores fingem que se importam, o público finge que acredita e o patriarcado capitalista segue exatamente onde está, dominando a narrativa.

Um exemplo é a indústria alimentícia. Lembra de uma campanha[21] para a Parada LGBTQIAP+ em que lançaram uma lata de Coca-Cola com o líquido da Fanta? A campanha brincava

21 "Coca-Cola, Essa Coca é Fanta", filme publicitário (2:07) da **David The Agency** (19 jun. 2018). Disponível em: https://www.youtube.com/watch?v=aiyoy2A7kPo. Acesso em: 15 maio 2023.

com uma piada muito recorrente no mundo LGBTQIA+ usada quando um homem "parece" heterossexual, mas não é: "Ah, essa Coca é Fanta!". Pois bem, foi um sucesso enorme apoiado ainda em artistas LGBTQIA+ como ícones da campanha. Era outubro e o movimento bombou nas redes sociais. Corta para março do ano seguinte. Essa preocupação ainda estava posta? Tivemos informação de pessoas transexuais ocupando os espaços de poder dessa indústria? Se não tomarmos cuidado,

consumimos o refrigerante e transformamos o consumo "na nossa forma de contribuir com essa causa". A indústria coopta um discurso que está começando a mudar o olhar das pessoas sobre o mundo, trazendo uma nova uma perspectiva, e transforma em produto.

É assim com a latinha de refrigerante, é assim com a Moana.

Moana parece alguém livre, dona do seu nariz, independente e é com isso que queremos nos identificar. Essa ideia de parecer que escolhas individuais são fortes o suficiente para mudar o mundo, e, se você não muda, é porque não fez a escolha certa.

É assim com a Moana, é assim com a latinha de refrigerante.

Os agentes do patriarcado capitalista devem pensar: "Como pegamos esse discurso que é potente, transformamos em algo que todo mundo engula, talvez até celebre, e ainda garantimos que o nosso espaço de poder continue sendo o mesmo?"

Uma maneira foi a invenção da "masculinidade tóxica". Esse conceito surge para nada mais nada menos que valorizar todos os outros "tipos" de masculinidade. Acontece que masculinidade, como dito anteriormente, é um conceito tóxico em si, mas o termo dá uma sensação de que é possível um homem escolher que tipo de masculinidade quer exercer, tem uma calminha, uma que toca violão, uma que usa flor na barba... tudo à escolha do cliente. Só que isso é um erro. Porque não estamos falando sobre um sujeito, sobre um indivíduo. Mas, ao criar o conceito de masculinidade tóxica, cria-se uma sensação de que é sobre o indivíduo.

Não à toa, junto com essa narrativa de masculinidade tóxica, surge alguém como o Rodrigo Hilbert, que diz: "O homem de verdade é participativo!". A questão é que ele é um homem branco, hétero, loiro, de olhos azuis, rico, modelo e bem-casado com uma mulher que é referência para outras! Qual a diferença dele para o príncipe da Branca de Neve? Como imaginário, nenhuma. Ele não traz novidades sobre aquilo que já vem sendo fomentado há tempos.

Os agentes do patriarcado continuam maquinando: "Agora o que precisamos construir como imaginário de ideal masculino é um cara gentil, um cara que sabe cozinhar, um cara que conversa com a esposa, um cara que tem programa junto. É dessa construção de masculinidade que a gente precisa no imaginário agora". Parece que melhorou, mas tá tudo igual. E isso não é sobre o Rodrigo Hilbert — afinal, nem o conhecemos —, é sobre o imaginário que ele habita.

Para voltar às princesas, os dispositivos do capitalismo patriarcal usados pela indústria cinematográfica são ultrassofisticados porque abordam primeiro a construção de imaginários da infância. Já em 2012, Frei Betto participou de um debate[22] promovido pelo Instituto Alana e falou muito bem so-

22 "Frei Betto: 'A publicidade infantil deve ser discutida em sala de aula'", por Marjorie Ribeiro para o Portal Aprendiz do **UOL** (22 jun. 2012). Disponível em: https://portal.aprendiz.uol.com.br/arquivo/2012/06/22/frei-betto-%E2%80%9Ca-publicidade-infantil-deveria-ser-discutida-em-sala-de-aula%E2%80%9D/. Acesso em: 15 maio 2023.

bre o consumismo na infância, e o que ficou desse depoimento é que a criança é a pior e a melhor consumidora que existe. É a pior porque brinca com uma tampinha de guaraná, com uma pedrinha e faz daquilo um planeta. É a melhor porque tem uma capacidade de convencer os pais muito impressionante. Então, o que o capitalismo faz? Alicia a infância, transformando as crianças em consumidores. O desejo vira mochila, caderno, agenda, boneca e bicicleta, vira produto. Enquanto sonho, fantasia, subjetividade, elementos constituintes da nossa identidade, são aprisionados. Esse desejo estimulado é a tradução da erotização na infância relacionada ao consumo,[23] considerando que desejo idealizado é da natureza da sexualidade, não é algo da subjetividade da infância.

Os dispositivos do capitalismo ensinam que só é possível brincar quando essa brincadeira está acompanhada por um personagem. Esse personagem é quem legitima a brincadeira. Isso é um tipo de aprisionamento da subjetividade. A brincadeira não é mais jogar basquete, é jogar basquete com as princesas. Não é mais andar de patins, é andar de patins com a Galinha Pintadinha. Não é mais simplesmente ter uma bola ou brincar com ela, é vivenciar uma experiência a partir daquela Princesa impressa na bola.

Assim, o capitalismo está sempre em busca da figura que está gerando mais adesão. Se não é mais a princesa que espera o príncipe encantado, qual é então? Temos um palpite: a *meritocracia*.

---

23 **Criança e consumo: 10 anos de transformação**, organizado por Laís Fontenelle. 1. ed. São Paulo: Instituto Alana, 2016. Disponível em: https://criancaeconsumo.org.br/wp-content/uploads/2014/02/Crianca-e-Consumo_10-anos-de-transformacao.pdf. Acesso em: 15 maio 2023.

Já que essa história de depender de príncipe não se sustenta mais, vamos de empoderamento — que é conceito importantíssimo das feministas pretas, e foi mais um que entrou para a lista dos roubados pela branquitude. Joice Berth tem um livro chamado *Empoderamento* pela coleção Feminismos Plurais que é uma leitura muito elucidativa sobre o assunto.

O que os filmes da nova leva da Disney estão dizendo, ou fingindo dizer, é que você é capaz, e que mesmo com as suas imperfeições, com os seus defeitos, ainda que não tenha um corpo "perfeito", mesmo não sendo loira, *ainda assim, se você se esforçar muito...* Se você portar sozinha todos os sentidos de sua existência. Se, mesmo contra a sua comunidade, os seus afetos, suas redes de apoio, mesmo com todos os empecilhos que tentam te segurar, se, ainda assim, você desejar e batalhar muito por isso, o seu quinhão de felicidade estará reservado para você.

É um pouco como funciona a conversa do "empreendedorismo feminino". Vira e mexe caímos nessa armadilha, pois algo que faz tão bem para o patriarcado capitalista certamente não é essa maravilha toda para nós. Talvez seja um bom motivo para não cairmos na fantasia de que nós estamos criando algo antipatriarcal, quando seguimos dando todas as ferramentas para o patriarcado, com uma roupagem nova.

A filósofa Sueli Carneiro fala algo brilhante na entrevista[24] que ela deu para o Mano Brown e para Semayat Oliveira a respeito do empreendedorismo negro. Ela entende que o

24 "Reprise de férias: Sueli Carneiro" episódio do podcast **Mano a Mano** (2:20) da Spotify Studios (dez. 2022). Disponível em: https://open.spotify.com/episode/3cv4KpyR2ORxvwDiuiPI5w?si=gGGBCBroRr2Vkv8gdAoCug. Acesso em 15 maio 2023.

empreendedorismo negro é importante, mas não é revolucionário. Portanto, é muito importante que mulheres tenham autonomia, é muito importante que mulheres consigam construir estratégias de sobrevivência a partir de uma outra lógica que não essa que está nos massacrando. Mas esse empreendedorismo não é diferente do que muitas das nossas avós faziam vendendo empadinha "para juntar um dinheirinho para as suas coisinhas". Se a mulher for independente financeiramente, ela será uma mulher livre. Verdade, mas não muito.

O sistema patriarcal capitalista precisa da mulher refém da estrutura, e, para fazê-la refém, muitas narrativas são construídas, inclusive (e, talvez, principalmente) as que trazem uma ilusão de liberdade. É importante entender isso porque só vamos derrubar o patriarcado capitalista com tempo de subjetividade, o tempo da poesia, da filosofia, o tempo livre para inventar novos mundos, o tempo do ócio. Se não temos dinheiro, independência financeira, não temos tempo de subjetividade, somos reféns de boletos. Agora, associar liberdade ao dinheiro é tudo o que esse sistema quer de nós. Cria-se a ilusão de que individualmente a gente consegue dar conta de se livrar de um sistema que nos oprime; cria-se então a narrativa de que sozinha é possível, que empreender — que é uma ação individual na imensa maioria das vezes — é a saída.

Que esse livro nos ajude a perceber essas lógicas de opressão e, quem sabe, a criar uma lógica de comunidade, porque o mundo inteiro está tentando nos fazer criar uma lógica de empreendedores. Seja como consultora de beleza, seja como a Merida, que luta sozinha pela sua liberdade.

frozen — ou se fosse o wolverine seria bem mais fácil

Bom, vou contar a história que eu lembro.

Elsa era aparentemente uma menina "normal", como todas as outras. Tinha uma família boa (pelos olhos da sociedade) e uma irmã caçula que muitos sonham em ter. Mas ela não era "normal", ela tinha poderes. E não eram quaisquer poderes, eram de gelo! Olha que incrível. Isso era a coisa mais legal para Anna, sua irmã mais nova. Mas para os pais, nem tanto.

Elsa viveu sua vida trancada em um quarto. Vocês têm noção de que ela vivia trancada em um quarto porque achavam que ela faria mal à sociedade? Loucura.

Anna viveu a própria vida, mas sempre pensando em Elsa. Anna até conheceu um cara, que todos dizem que era o príncipe encantado. Mas de encantado ele não tinha nada.

Elsa escapou de sua prisão, em palavras mais claras, seu quarto. Conseguiu escapar. Mas como a sociedade não a aceitava, ela foi presa novamente. E, óbvio, ela escapou. Construiu um castelo. Sem príncipe, só dela. Ela escapou e não queria saber de ninguém. Todos estavam procurando por ela, mas ela estava lá, em seu castelo, vivendo uma vida "normal". Até que sua irmã a encontra e a convence a voltar para a cidade. Elsa aceita.

As pessoas a aceitam como ela é. Como ela veio para o mundo. Elsa vive na cidade com seus poderes. Agora feliz. Para sempre talvez.

Eu era mais nova quando o filme foi lançado, não sei a idade exata. Mas eu amava os filmes das Princesas, os achava encantadores. Por um tempo, Frozen *foi meu filme favorito, eu sempre achei muito legal ter poderes e esse tipo de coisa. Quem não quer ter poderes? Sempre achei que Elsa era injustiçada por nada. Mas eu não tinha como mudar a história; se pudesse, eu mudaria.*

Mas agora vamos pro assunto. Eu sempre achei a Elsa uma mulher forte, que poderia conquistar tudo que ela quisesse, sem um príncipe, claro. Mas, na época, eu achava estranho ela não ter um príncipe "encantado". Eu pensava comigo mesma: "Por que todas as princesas têm um príncipe e ela não?".

E a resposta está bem debaixo dos nossos narizes. É porque a gente não precisa de um príncipe pra conquistar as coisas que a gente quer. Nós conquistamos o que quisermos sozinhas. Não precisamos de ninguém pra isso (de vez em quando a gente precisa de uma ajudinha).

Esse filme foi importante pra mim porque depois dele eu percebi que podemos conquistar o que quisermos sozinhas. E que as pessoas precisam nos aceitar do jeito que somos, e não vamos mudar porque o outro quer.

JOANA AUN MOURA, 13 ANOS

Nossa leitura

De alguma forma, a Elsa, de *Frozen*, traz uma dimensão de pertencimento, ela exerce uma importância crucial dentro da sua comunidade e as pessoas clamam por ela. Não sem antes, óbvio, ela ter passado por muitos e muitos obstáculos e ter vencido todos sozinha, bem meritocrática.

A nossa heroína, antes de ser aclamada por seu poder, é punida. Aqui também entra a relação entre amor e violência que sai do espectro do amor romântico. Elsa se tranca em um quarto e seus pais aceitam resignadamente, já que seu poder não é uma dádiva, e sim uma arma, um perigo.

De maneira muito didática o filme conta que uma garota poderosa é uma garota perigosa, uma garota que não tem condição de lidar com os poderes que carrega, que é inconsequente, um risco. Então, tudo bem ficar presa, afinal foi ela que escolheu se trancar. Os pais, omissos, sem que se responsabilizem por tutorar essa filha, aceitam o autoexílio da menina. Ninguém diz algo como "Calma, vamos ver como você pode usar esse poder, essa dádiva é um presente, não um castigo!".

Frozen tem uma narrativa muito violenta, na qual uma mulher poderosa está sozinha. E, se ela fizer alguma coisa errada com esse poder, será vista como uma figura muito má, muito ruim, muito perigosa, muito fria; aliás, fria como o gelo.

Importante lembrar que o público final são as meninas. Se fossem os meninos, a Elsa seria uma heroína dos *X-Men*, que aliás, e não por acaso, tem personagens muito mais complexos. Nessas histórias que estamos narrando aqui não existe essa complexidade, as heroínas são tolinhas, ingênuas, despreparadas. Sem querer, Elsa machuca a irmã e se pune por isso, com a conivência de seu pai e de sua mãe. Quando ela descobre que seu poder pode salvar sua comunidade, ela aprende a usá-lo sozinha, salva essa comunidade e vai viver SOZINHA (mais uma vez) em um castelo de gelo feito por ela mesma. Talvez não pense no amor por ser gélida, quem sabe frígida.

Na vida real

Diferentemente de Wolverine, Peter Parker ou Bruce Wayne, e de tantos outros heróis, Elsa não pode errar, ela não tem a chance de testar seus poderes, treinar, ser guiada. Esta heroína não tem chance de fazer uma cagada como fez Wolverine, que é um homem que enche a cara, entra no bar, briga com todo mundo, leva os caras para o hospital e ainda assim é um herói.

Com a Elsa não.

Ela tem que saber, quase que organicamente, lidar com o seu poder. Ela, que viveu boa parte da sua vida trancada em um quarto, precisa salvar a comunidade sem nem ter tido a chance de testar suas capacidades. O recado é muito bem dado: se você tem um talento, se for inteligente e não tiver muita certeza do que você está construindo, fique quieta! Não à toa, tantas e tantas mulheres foram silenciadas ao longo da história. São cientistas, historiadoras, artistas, escritoras, pesquisadoras, tantas mulheres que tiveram suas obras roubadas por ou creditadas a homens.[25]

O espaço do poder é confortável para o homem. Na prática, a mulher é vista (ainda hoje) como uma intrusa. O banheiro

---

25 Para saber mais sobre o assunto, leia estes textos.
"14 vezes em que homens levaram crédito por trabalhos de mulheres", por Juliana Contaifer para o **Metrópoles** (14 abr. 2017). Disponível em: https://www.metropoles.com/vida-e-estilo/comportamento/14-vezes-em-que-homens-levaram-credito-por-trabalhos-de-mulheres. Acesso em: 15 maio 2023.
"Artistas mulheres que tiveram obras atribuídas a homens", por Junior Coneglian para o **Leia Já** (2 jun. 2020). Disponível em: https://www.leiaja.com/cultura/2020/06/02/artistas-mulheres-que-tiveram-obras-atribuidas-homens/. Acesso em: 15 maio 2023.

feminino no Senado Federal,[26] por exemplo, foi construído apenas em 2016, 55 anos depois da construção de Brasília.

Você tem a manha de fazer um castelo para você, de gelo, e viver sozinha no Alasca? Não? Então, melhor guardar a sua mãozinha poderosa dentro do seu bolso...

OBS: Ainda estamos tentando entender a armadilha do segundo filme. É lindo, de chorar.

26 "Mulheres avançam e visam a igualdade", em Especial no **AMAGIS** (8 mar. 2018). Disponível em: https://amagis.com.br/posts/especial-mulheres-avancam-e-visam-a-igualdade. Acesso em: 15 maio 2023.

mulan — ou sempre em guerra

Era uma vez uma garota chamada Mulan que vivia com sua mãe e seu pai. A cidade em que ela vivia estava passando por uma fase péssima, porque um homem e seu exército estavam causando problemas, mas a quantidade de pessoas responsáveis por defender a cidade era pouca se comparada ao exército inimigo. Então, passaram avisando de casa em casa que, obrigatoriamente, os homens que estivessem com uma boa saúde deviam se juntar ao exército da cidade.

Enquanto isso, Mulan tinha que honrar o nome da família se casando. Mas ela não conseguia ver o lugar em que ela morava ser destruído por inimigos e ela simplesmente indo se casar. Sentindo que precisava ajudar de alguma forma, ela cortou o cabelo, colocou roupas "masculinas" e foi para a guerra.

Lá, ela foi treinada para lutar e conheceu quatro amigos de que ela gostava muito. Depois de um tempo, a Mulan foi descoberta, mas seus amigos não deixaram de estar com ela. Desapontada, ela desistiu e voltou pra casa. Um de seus amigos foi na casa dela e falou que ela não podia desistir e que ela deveria resistir e foi o que ela fez em um evento pra cidade toda. O homem mau do começo da história apareceu; e a Mulan lutou contra ele e o derrotou. E mostrou que as mulheres são capazes de mudar o mundo se elas quiserem. Fim.

ALICE FERREIRA, 12 ANOS

A Mulan é uma princesa que não queria ser princesa. Ela não é bem uma princesa, ela não queria casar. A irmã dela que queria casar, a Mulan ficava orgulhosa, mas não queria se casar. Os pais dela também não aceitam; só o pai, que treinava ela. A mãe dela não concordava, porque achava que, como era menina, tinha que casar, virar princesa.

Mas Mulan não fez isso. Ela cortou o cabelo e foi para uma guerra para a qual o pai dela é quem tinha que ir. Só que o pai dela estava muito doente e aí voltou tal e tal, fez amigos, três amigos e daí? É. Todos descobrem quem ela é. E, apesar de ela ter salvado a vida de todo mundo, eles não aceitaram ela porque ela mentiu.

É isso. E eu gosto porque ela enfrenta isso só pra cuidar de uma pessoa.

LINA AUN WONG, 8 ANOS

Vida colorida
Segurando uma sombrinha
E eu ali perto
Desejosa
Salivante
Eu Mulan
A recatada, a guerreira
Aguerrida
Tentaram me mudar

Mas eu sou Elza Soares
Eu sou aquela que vive no Planeta Fome do século XXI
Eu sou aquela que é vista na rua por olhos desejosos de tarados que me desnudam...
Se estou com roupas compridas querem me rasgar...
Se estou com roupas curtas querem me deflorar!
Existe alguma adequação social, porra????!!!!!!
A melhor adequação é eu ser eu mesma
Ser eu mesma
Aquela que nos dias de verão à tarde bebe o saquê todo derramado pelo céu.
Engraçado... vejo muitas apontadas em minha direção
E eu Mulan...
Mulaneio por aí
Não na busca de mim
Pois essa já se encontrou
Mas que sirva de inspiração
Para tantas...
Eu Mulan
Sou travesti
Aquela que trabalha na rua compulsoriamente ou não
Eu Mulan
Sou aquela que muitas vezes não completa 35 anos, pois sou morta e destruída.
Eu Mulan
Sou aquela que infelizmente vive dentro das estatísticas
Sou a apedrejada
Subjugada
Eu Mulan
Sou mulher trans.
Feliz, pois entendo a minha existência

Eu Mulan
Sou aquela que antes foi negada e agora esbraveja

CLODD DIAS, 46 ANOS

Nossa leitura

Uma mulher precisa se passar por homem para poder existir em espaços de poder (como o da guerra).

Ela se torna o melhor soldado.

Ela é "humildezinha" e não quer as glórias que qualquer soldado aceitaria com muito orgulho em nome da família. (Lembra-se do que colocamos sobre o ordinário e cotidiano na vida das mulheres?)

No final, ela se casa porque, apesar de todas as aventuras que viveu e de seu brilhantismo, o amor venceu. (Preguiça...) E o final de toda mulher é o casamento.

Na vida real

A história de Mulan tem uma coisa muito explícita sobre a exploração da mulher pelo patriarcado: ela é o melhor soldado do exército, é brilhante, porque só sendo brilhante ela é capaz de estar no mesmo lugar que homens medíocres! Nada diferente do nosso cotidiano.

Tem um meme maravilhoso em que, ao ser perguntada sobre igualdade de gênero no mundo corporativo, a CEO de uma grande empresa respondeu: "Saberemos que chegamos na tal igualdade de gênero quando mulheres medíocres ocuparem os cargos de poder". Porque se ela não for o melhor soldado que estiver lá, ela vai ser descoberta. Só que os outros soldados são péssimos, não conseguem fazer nada. É a tal da Síndrome da Impostora, que vai sendo sedimentada nos corpos das mulheres e nos corpos de todos que são lidos como "Outro".

O recado é: quando ocupamos um espaço de poder, seja ele qual for, aquele espaço não é nosso. E, quando conseguimos ocupar esse tal "espaço de poder", quase que automaticamente usamos os recursos que representam esse poder. É daí que vêm as falas do "Um" que nos desqualificam: "ela é brava", "ela é grossa", "ela é intransigente". O corpo do "Outro" quando ocupa um espaço de poder nunca é tido como legítimo, então esse corpo precisa se reafirmar como representante de poder, muitas vezes.

O tempo gasto por quem ocupa o espaço de poder e tem um corpo que responde a esse espaço é infinitamente menor. Vamos tomar como exemplo a direção de um evento corporativo.

Se o diretor é um homem, ele chega, cumprimenta os técnicos (homens em sua absoluta maioria), conta como vai ser, distribui as funções e começa o trabalho. Se a diretora do evento é uma mulher, ela chega, se apresenta, faz uma piada, mostra que sabe algo sobre aquilo, revela um truque de um técnico para que fique evidente que não vai ser fácil enganá-la, faz outra piada, dá uma carteirada (deixa evidente os trabalhos maiores que já fez ou a formação que tem em um lugar de excelência) e só então distribui as funções e começa a trabalhar. Ela perdeu aí pelo menos uma hora de execução da atividade (tempo), mais algumas de energia e tensão (investimento emocional) e outras de planejamento (trabalho). Tudo para essa diretora, essa mulher, reafirmar a legitimidade de estar ocupando esse lugar de poder, essa diretoria do evento.

Essa é uma maneira de o nosso corpo ser regulado: ser colocado a serviço. O patriarcado precisa que a gente aprenda que o nosso tempo, nossos desejos e nossos corpos não são nossos. Nosso tempo, nossos desejos e nossos corpos devem existir à disposição de uma estrutura em que nós não somos as protagonistas. Na estrutura social patriarcal, nós somos as coadjuvantes que permitem que os protagonistas — o homem branco, o "Um" — brilhem. E, para isso, usa artifícios que vão da Mulan ao estupro; de um conto de fadas em um filme infantil a um crime. Portanto, o que estamos assistindo quando assistimos a filmes como *Mulan* é a indústria do entretenimento servindo às estruturas patriarcais capitalistas.

Algo importante para nós atentarmos: no patriarcado capitalista, as conquistas dos grupos que são chamados de "Outro" são concessões, não direitos garantidos, basta notar como qualquer conquista é muito facilmente mutilada.

Entre nós, bastou um governo como o de Jair Bolsonaro para que a verba destinada ao combate à violência contra mulher fosse reduzida em até 99%.[27] O mesmo governo que deixou de executar ao menos nove programas de combate ao racismo,[28] que teve o maior número de terras indígenas

---

27 "Governo Bolsonaro corta verba de ações para mulheres em até 99% no orçamento de 2023", por Marianna Holanda e Indiana Tomazelli para a **Folha de S.Paulo** (1º out. 2022). Disponível em: https://www1.folha.uol.com.br/mercado/2022/10/governo-bolsonaro-corta-verba-de-acoes-para-mulheres-em-ate-99-no-orcamento-de-2023.shtml. Acesso em: 15 maio 2023.

28 "Governo deixa de executar nove programas de combate ao racismo e violência contra população negra", em **PSB40** (23 nov. 2021). Disponível em: https://psb40.org.br/governo-bolsonaro-deixa-de-executar-nove-programas-de-combate-ao-racismo-e-violencia-contra-populacao-negra/. Acesso em: 15 maio 2023.

invadidas[29] e que fechou o departamento de promoção dos direitos LGBTQIAP+.[30] E esses são apenas alguns exemplos.

É possível que, de onde vêm os dispositivos de controle, venham também os dispositivos de libertação? Não! É possível que a indústria ajude a diminuir um pouco a violência contra a mulher quando usa das nossas causas para fazer filmes? Talvez. Isso é importante? Sim. Derruba o patriarcado? Não!

---

29 "Invasão a terras indígenas teve alta de 137% em 2 anos de governo Bolsonaro", por Beatriz Roscoe para o **Poder360** (28 out. 2021). Disponível em: https://www.poder360.com.br/brasil/invasao-a-terras-indigenas-teve-alta-de-137-em-2-anos-de-governo-bolsonaro/. Acesso em: 15 maio 2023.

30 "Políticas para LGBTI+ no governo federal: ascensão e queda", por Matheus Mazzilli Pereira para a Linha do Tempo do **Nexo Jornal** (19 abr. 2022). Disponível em: https://pp.nexojornal.com.br/linha-do-tempo/2022/Pol%C3%ADticas-para-LGBTI-no-governo-federal-ascens%C3%A3o-e-queda. Acesso em: 15 maio 2023.

tiana e o beijo nada doce

Hoje quando paro e lembro da Tiana, entendo o quanto o esforço e o trabalho significavam para ela. Tiana me fez refletir sobre relações e graus de importância, tendo nossas realidades semelhantes: jornada dupla como garçonete pra juntar aquela grana, pra realizar aquele sonho.

Talvez a percepção mais peculiar seja entender que ela só "encontrou o príncipe" porque em nenhum momento perdeu o foco. O sonho dela era ter um restaurante, dar uma vida melhor pra mãe e realizar o sonho do pai, que acabou falecendo por trabalhar demais (como acontece com a maioria da população negra). Pela primeira vez, eu vi uma princesa que não conseguia pensar em amor romântico, porque estava preocupada demais vivendo para si. Isso me aliviou, pois me vi tendo independência emocional.

Claro que, sem dúvida nenhuma, temos o direito de ser amadas e desejadas, e temos o direito de querer isso. Mas, sem independência emocional, a gente acaba caindo numa armadilha, pois o padrão imposto é nos doarmos para o casamento, família, sociedade e etc...

Servir sempre.

Lembro de uma cena em que o príncipe, babaca e presunçoso, tenta cortejá-la. Não sei se essa foi a intenção da própria indústria cinematográfica, mas o desprezo dela por aquele mauricinho era tão sincero, que, no fundo, queríamos ser uma Tiana. O lema era: "Se me vir chorando, saiba que é por dinheiro". Sensacional!

Tiana acreditava na conquista através do esforço físico, mesmo a história se passando num contexto mágico, afinal, ela também foi transformada em sapo. Mas, apesar de transparecer um pouco de ceticismo, a crença que ela tinha foi suficiente para quebrar o feitiço, como quando a gente tá trabalhando num lugar ruim, que nos faz infelizes, mas a gente continua indo porque acredita que aquilo não será para sempre.

No final, ela acaba casando com o cara e bota ele pra trabalhar pra ela de garçom, e é lindo ver que, mesmo conquistando tudo aquilo que ela sempre quis, continua não se dobrando pra macho.

Essa vai ser pra sempre a minha princesa.

SARA NINA, 30 ANOS

Saúdo todas as comadres de luta que emprestaram sua força e vitalidade para parir este tesouro. Saúdo as leitoras e peço licença de chegar no miudinho pra contar um causo. Um causo que não foi vivido deste lado de cá, foi sentido em uma viagem feita pelas bandas de lá. Um presente do inconsciente com encontros doces e fantásticos.

Pois bem, meninas, senhoras e moçoilas, eu sonhei que fui pra Disney e vou contar pras comadres as aventuras que passei por lá. E já aviso que no meio da história que foi sonhada talvez tenha um bom tanto de coisa inventada. Porque fabular não paga conta, e quem conta um conto sempre aumenta um ponto.

Antes, quero dizer que eu não gostava da Tiana, a princesa afro-americana do filme que me inspira aqui nessa narrativa. Eu esperei pelo filme, esperei mesmo. E, quando vi, fiquei com um ranço danado.

Quando eu era criança no fundão da Vila Helena, em Sorocaba, em um lugar antes chamado Terra Vermelha, no tempo em que tudo era mato e rua só tinha asfalto onde o padre passava, eu não gostava muito de televisão. E não faria o menor sentido gostar; tinha muitos amigos na rua, um tanto de árvores, morrinhos, passarinhos e tudo o que se imagina de um bairro de interior. Eu soltava pipa, tinha patins e carrinho de rolimã. Vivia toda arrebentada, cheia de cicatriz e sem o tampão do dedo de correr descalça e cair pelo menos uma vez por dia.

Eu gostava dos jogos e brincadeiras que juntavam um monte de crianças, mãe da rua, esconde-esconde, pega-pega e, mais tarde, gostava mesmo de carteiro tem carta e verdade ou desafio. Quando tinha meninos bonitos, eu só pedia desafio, que eu não era boba nem nada. Com tudo isso, era normal que não tivesse paciência pra televisão. Quando meus primos compraram videogame, chateei muito. Achava terrível que a gente passasse horas do final de semana dentro de casa; o quintal e a rua sempre ficavam me chamando.

E talvez eu não gostasse de TV por um motivo mais escondido... Quando chegava na escola e o povo começava com aquelas ideias de "eu sou tal personagem", eu não podia ser nenhum. As meninas brancas podiam sempre ser alguém, ter vestidos para as brincadeiras e festas... Eu podia ser só a Biba, do Castelo Rá-Tim-Bum, *ou a Sheila, da* Caverna do Dragão, *e não tinha grana para fazer as roupas delas. Então, preferia dizer que não gostava de TV e pronto.*

Agora podem entender a minha espera pela Tiana.

O ranço dela tem a ver com as percepções que fui adquirindo desde essa época sobre a cor da minha pele. Quando eu vi o filme, não saía da minha cabeça o lugar que o mundo espera que eu ocupe. Lugares físicos e territórios políticos também. O espaço destinado à jovem negra sempre ligado ao servir, ao cuidar e ao satisfazer o prazer do outro. No meu primeiro contato, senti que a Tiana reforçava estereótipos e os anseios da estrutura social que quer ver a gente sempre como serviçal, sempre precisando sofrer e se esforçar muito, trabalhar como ninguém aguentaria para poder dizer que é gente e que chegou em algum lugar.

Vi o filme me perguntando: até quando nossa imagem só será tolerada se for como cozinheira, doméstica, faxineira etc.? Quando meninas negras terão referências ligadas a outras profissões e cargos desatrelados do servir? É sempre bom dizer que não há nada de errado com essas profissões, o que está errado é não podermos nos ver em outras coisas. É triste, é revoltante e absurdo nunca poder sonhar além do que está dado. A Tiana viver como a sombra da menina branca rica me irritou muito, a garotinha rica ficou fixada na minha cabeça como a sinhazinha contemporânea.

O ranço da Tiana só passou quando enxerguei a importante referência aos valores passados pela família negra; a garota sabe que a realização dela no presente é a felicidade do pai e dos ancestrais. Eu me deixei seduzir pela beleza que é a trilha sonora do filme; os ritmos negros e a cadência envolvente da trilha adoçaram minha relação com a história. E no fundo, no fundo, sei bem que é quase impossível que eu, como uma mulher negra periférica, não me identifique com a perspicácia, a força e a garra da única princesa negra da indústria cinematográfica até então.

Agora sim posso começar a contar meu sonho... Eu estava com minha antiga mala vermelha e um vestido de plebeia. Entrei em um castelo que parecia a fachada de uma igreja, bem rococó. Tudo era bastante escuro e úmido, quando percebi estava caminhando pela água. Meus pés molhados me davam aflição, havia um caminho de água por todo espaço. Olhei para cima e vi um afresco muito bem pintado com o Preto Velho Nhô João de Camargo, com o Rei Pelé, Ângela Davis e outras pessoas negras muito importantes.

Num passe de mágica, apareceu um moço moreno de olhar muito marcante. Vi que ele era um ser de outra dimensão por conta das orelhas pontudas e da pele que reluzia no escuro, uma espécie de príncipe elfo. Entendi que era meu guia e guardião. Começamos a subir, tudo era de pedra, gelado e aquoso. Chegamos em um espaço com muitas estalactites e estalagmites. Lembro de pensar "esses filmes são como uma caverna do Petar: cada uma carrega a imagem de paraíso que conhece, não é mesmo, minha gente?". O príncipe elfo me guiou até uma clareira ainda nas profundezas desse castelo, o sol incidia sob rochas claras e tudo se iluminava, as pedras eram gigantes e formavam um imenso paredão com raios de luz entre as frestas, agora me sentia no Valle de la Luna, na Bolívia. Foi nessa paisagem incrível que o príncipe me deixou esperando, disse que logo voltava.

Eu estava em estado de encantamento e fiquei esperando enquanto contemplava o lugar. Outro passe de mágica e uma mana apareceu. Uma mulher muito porreta que me disse: "Oxente, mulher, tu tá na Disney e vai ficar aí parada esperando macho? Simbora comigo!!!". Sim, minhas comadres, minha protetora é uma mulher nordestina. Saímos para caminhar, me diverti muito e vi coisas lindas. Comi um docinho maravilhoso e acordei com o gosto dele na boca. Procurei na internet depois e descobri que o tal doce se chama funnel cake *e é uma das iguarias mais famosas da Disney. Algumas horas depois que anotei o sonho, recebi uma ligação da Alê, me convidando para este projeto.*

A interpretação de tudo isso deixo para as senhoritas...

Só posso dizer que, assim como a Tiana, me fortaleço nos meus sonhos e nas boas companhias, desse e de outros mundos, *que vão surgindo como passe de mágica pelo caminho. A magia é sempre coletiva e temperada a várias mãos. E ganha mais força se cantada a várias vozes, como nos coros de jazz da princesa negra. Tem muitas alegrias, doçuras e descobertas na jornada que a gente não vai descobrir se ficar à espera do príncipe. Existem mundos a desbravar que estão à nossa espera...*

DAIA MOURA, 37 ANOS

Nossa leitura

A Tiana exerce um fascínio nas escolas — aliás, fomos conhecê-la por conta dos pedidos nas escolas. Então, vamos a ela.

A família branca, rica, bem-intencionada que dá a oportunidade para a menina negra, cozinheira, trabalhadora. A branquitude não perde a chance de riscar o chão e ditar quem deve estar de que lado.

A mãe da Tiana é uma costureira com clientes muito ricos. Quando ela vai atender esses clientes, leva a filha, e, assim, a Tiana conhece a menina que se tornaria sua amiga até a fase adulta. Elas crescem. Com o pai já falecido, Tiana decide que vai realizar o sonho dele. Trabalha muito para abrir um restaurante com música ao vivo.

O príncipe chega na cidade. Ele precisa se casar com alguém de uma família rica para garantir a herança. A menina branca vê aí a sua chance de casar bem, promove uma festa e o pai da menina branca convida Tiana para fazer um de seus preciosos quitutes na festa. Ela vai trabalhar na festa da família branca e por isso vive a aventura. Importante: ela não é convidada, ela é contratada. Esta é uma chance para a Tiana juntar um bom dinheiro para realizar o seu sonho, é aí que os signos que cada corpo carrega revelam o seu poder.

Tem um corpo que usufrui e outro corpo que trabalha — já dá para saber qual é qual, não é?

A família bondosa, benevolente, que deixa a filha da costureira ser amiga da filha bem-nascida, não é a que ajuda, é a que ensina a pescar em vez de dar o peixe. É a típica família de bem. (Se você acompanhou as eleições de 2022, sabe do que é capaz essa turma de família de bem.) "Não, eu vou te dar uma ajuda, então você vem cozinhar na festa da minha filha." É a família que não tem preconceito, que deixa a filha da empregada abrir a geladeira. O filme, de alguma maneira, mantém os espaços de poder muito bem delimitados, mesmo a Tiana sendo a heroína e terminando como uma princesa.

Voltando para a história, embora pareça uma princesa, Tiana não o é. O príncipe que foi transformado em sapo a convence a lhe dar um beijo e isso a transforma em uma sapa. Dessa forma, ambos perdem a condição de humanos e assim ficam por setenta e cinco por cento da história. Passam o filme praticamente todo buscando uma maneira de voltarem a ser humanos. Na verdade, ela passa. Ele passa o filme tentando ser servido porque não sabe fazer coisas básicas. O seu empregado era responsável por absolutamente tudo, de vesti-lo a amarrar seus sapatos.

Ela precisa ensiná-lo a existir, como se fosse a sua mãe, o que não é, e assim ele se apaixona por ela. Mais do mesmo, com cara de moderno.

Na vida real

Aqui, em vez do amor romântico, Tiana quer empreender! Ter o seu próprio negócio. O filme diz que se tiver um sonho,

se esse sonho for realmente importante, você vai conseguir realizar porque depende somente do seu esforço.

Perfeito — para a branquitude — que seja um corpo de uma mulher negra que carrega todos esses sentidos, não?

Sim, a Tiana era a única princesa preta — até o *live action* da Pequena Sereia (que também não é uma pessoa, é metade pessoa e metade peixe), que causou um baita reboliço, com mulheres brancas enfurecidas bradando indignadas que "Não existem sereias pretas" porque, para a branquitude, sereias existem. Tiana é a única que precisa trabalhar para sobreviver, a única que recebe boletos, a única que mora em pensão, a única que pega transporte público. *A única que em 75% do filme não é uma garota, é um sapo.*

A única princesa negra, com referências à cultura negra, durante grande parte do filme é um sapo, ou seja, destituída da sua condição de sujeito.

Esse já é um recorte bem nítido de quais são os sujeitos com direito à dimensão de humanidade e quais são os sapos. Alguma semelhança com a época da escravização, em que pessoas pretas eram tratadas literalmente como animais, talvez não seja mera coincidência.

Se puder, deixe o livro um pouco de lado e corra para ouvir o podcast em que o o Mano Brown e a Semayat Oliveira entrevistam a Katiúscia Ribeiro e com o Salloma Salomão. A conversa[31] é didática. Nesse podcast, a Katiúscia, entre outras coisas, fala sobre a naturalização de corpos negros em situação de rua e do assombro que causa quando é um corpo branco que ocupa esse espaço.

Quais corpos merecem a dimensão da humanidade?

Quais corpos não merecem?

A Tiana-sapo não merece.

Outro ponto importante é o olhar que esses filmes dedicam aos príncipes. Em nenhuma das histórias em que essa figura aparece a sua índole é questionada, ninguém se pergunta se o príncipe da Branca de Neve ou o da Cinderela gostam de trabalhar ou se passam horas sem fazer nada, só usufruindo do dinheiro que lhes é garantido graças à colonização.

O príncipe de *A princesa e o sapo* também é o único negro e sua índole é questionada. Ele é retratado com um preguiçoso, um *bon-vivant*, que prefere passar suas horas na rede, tocando violão, a se empenhar em algo realmente importante. Nenhum príncipe é enaltecido por seu gosto pelo trabalho, não é? Não vemos, não sabemos o que esses príncipes fazem nas histórias especificamente.

O que faz o príncipe da Branca de Neve? Nada, é herdeiro.

O da Bela Adormecida? Herdeiro.

O da Cinderela? Herdeiro.

O da Pequena Sereia? Herdeiro.

O da Tiana? Herdeiro. Não, esse não. Esse príncipe é vadio.

---

31 "Katiúscia Ribeiro e Salloma Salomão", episódio do podcast **Mano a Mano** (2:13:09) da Spotify Studios (23 jun. 2022). Disponível em: https://open.spotify.com/episode/7ns2MDumXZxN8bw6hJVeYX?si=bW24E9vCQN6xWq041RkueQ&nd=1. Acesso em: 15 mai 2023.

A branquitude é muito violenta. Enquanto os meios de produção estiverem nas mãos da branquitude, é ela que detém o poder da construção da narrativa e *A princesa e o sapo* é mais um exemplo disso. Sabemos a quem serve a ideia de que um negro só pode ser alçado a príncipe se for um vadio e uma negra só pode ser alçada a princesa se for uma trabalhadora, uma guerreira que não desiste nunca.

E não para por aí: o bruxo maligno é escancaradamente um devoto da religião vodu. Ele conversa com espíritos maléficos que usam máscaras africanas. E dessa forma são realimentados e atualizados os estereótipos construídos pela branquitude que produzem uma realidade racista sustentando a intolerância religiosa e tantas outras violências. Cria-se um imaginário de que as "famílias de bem" são aquelas que direcionam a sua fé para um cristianismo branco e que famílias que praticam religiões de matrizes africanas estão, na verdade, envolvidas com bruxaria, magia e, portanto, são perigosas, que o que fazem não é uma manifestação de fé, e sim uma ficção de terror, um *thriller* sobrenatural que narra o fantástico, e não o sagrado. O filme corrobora essa narrativa, naturalizando esse tipo de violência. E é essa naturalização que resulta em tantos e tantos ataques a terreiros e casas de santo.[32]

Quando as histórias de pessoas pretas são narradas por pessoas brancas, o olhar será sempre o que está historicamente arraigado, que é o olhar eurocêntrico cristão e branco do colonizador.

---

32 "Casos de ataques às religiões de matriz africana crescem acima de 270%", por Madson Euler para a Radioagência Nacional da **EBC** (23 jan. 2023). Disponível em: https://agenciabrasil.ebc.com.br/radioagencia-nacional/direitos-humanos/audio/2023-01/casos-de-ataques-religioes-de-matriz-africana-crescem-acima-de-270. Acesso em: 15 maio 2023.

E ainda tem o romance. Mas é ela quem faz tudo e resolve tudo. É Tiana quem busca as saídas, enquanto ele toca violão. Estamos vendo mais uma mulher responsável pelo sucesso e pelo fracasso do amor, enquanto o homem é desresponsabilizado e liberado do compromisso de trabalhar por esse relacionamento também.

merida — ou como reconhecer um “pai de instagram”

A primeira vez que eu tive contato com o filme Valente *foi quando eu tinha uns 6 anos. Lembro de ter adorado o filme e de ter ficado admirada com a coragem da princesa.*

O filme trata de uma família composta de cinco pessoas. Sendo quatro pessoas ruivas (a Merida, seu pai e seus três irmãos mais novos) e uma morena (a mãe de Merida). Merida, uma menina de cabelos cacheados ruivos, foi sempre criada para ser a sucessora do trono, tendo que seguir as etiquetas e tudo que era passado para ela, mas me lembro que Merida não gostava nem um pouco disso. Ela amava cavalgar e praticar arco e flecha. Não queria ser a "perfeitinha".

Um dia, uma competição de arco e flecha foi organizada, contra a vontade de Merida, para escolher o seu futuro marido. Para a competição, a mãe de Merida, a rainha Elinor, obrigou-a a usar uma roupa que apertava demais o corpo apenas para ficar com cara de princesa e "apresentável", para tirar a aparência normal dela, pois Merida não se vestia que nem as princesas que estamos acostumadas a ver.

A competição foi um desastre, o que já era de se esperar, e Merida, já irritada com a situação, vai para o meio do campo onde estava acontecendo a competição pela sua mão e fala:

— Eu sou Merida e vou competir pela minha própria mão.

E ela acerta todos os alvos nos principais pontos. No último, o que o pretendente tinha acertado, Merida caminha até lá enquanto sua mãe vem andando em direção a ela, mandando-a não atirar a flecha. Merida, que já não conseguia se movimentar direito por conta do vestido apertado que sua mãe lhe deu, o rasga. Ela solta a flecha e acerta o homem que tinha acertado o meio do alvo.

Merida, brava com sua mãe, vai atrás de uma bruxa pedindo que sua mãe mude. Então, assim a bruxa fez. Mas quando o feitiço teve efeito, a rainha não muda que nem sua filha tinha pedido, ela tinha se transformado em um urso. Horrorizando a si mesma e à filha. Merida volta à casa da bruxa para inverter a poção, mas a bruxa não estava lá. Ela vê o caldeirão com uma imagem horrível da bruxa dizendo que Merida tem até o segundo nascer do sol para quebrar o feitiço, senão sua mãe será um urso pra sempre.

E assim Merida faz, enfrenta várias coisas para trazer sua mãe de volta ao normal. Enfrenta até mesmo o pai dela, que acredita que o urso que ele vê é o mesmo que arrancou sua perna no passado.

E sim, ela consegue trazer a mãe de volta ao normal. E, como todos os filmes de princesas falam, elas viveram felizes para sempre! A rainha entende o lado de Merida e para de tratar ela que nem antes.

LAUREN SILVA QUEIROZ, 14 ANOS

Nossa leitura

As regras sociais são contadas para Merida por sua mãe, é ela quem passa os códigos patriarcais para a frente. É ela quem diz o que a filha pode ou não fazer, como deve se comportar, o que deve aprender. Essa mulher é fundamental para que o patriarcado siga exatamente onde está. Mesmo que o aparente poder esteja nela, as regras servem para servir ao reinado, e o reinado é patriarcal.

O pai é um bobão; a inteligente e articulada é a mãe.

O pai é o cara divertido, o que deixa a Merida fazer o que quer, o que a presenteia com um arco e flecha. Mas faz isso porque sabe que a mãe vai manter as coisas em seus devidos lugares para que seu poder e honra não sejam ameaçados. Ele é divertido, mas não é antipatriarcal.

Bom, chegou o momento de a Merida se casar e para isso é feito uma espécie de concurso/gincana. Quem conseguir ir melhor nas provas ganha a mão da princesa e garante a paz entre os reinos. Sim, o casamento é uma ferramenta da manutenção dos poderes patriarcais desde sempre. Ou você acha que é por acaso que nos casamentos tradicionais católicos o pai leva a filha até o altar? Ele entrega a tutela da filha para o futuro marido, mantendo, assim, a filha sob obediência de um homem. Medieval, né?

O tal do concurso começa e os pretendentes são uns babacas, abobalhados, infantilizados. Uma masculinidade absolutamente desinteressante, mimada. São uns caras burros mesmo que estão ali. Eles não precisam de nada especial para se casarem com a garota mais legal, articulada, descolada e inteligente de todos os reinos; nada. A eles basta o fato de serem homens herdeiros.

Obviamente, ela não quer se casar com nenhum deles e ainda revela que é melhor do que qualquer um. A mãe fica muito brava, o pai tenta contornar a situação, e a Merida tenta remediar aquilo tudo.

Ela recorre a uma bruxa que é superarticulada, inteligente e divertida. Ela é muito engraçada e faz da magia a sua mercadoria.

É como se ela fosse dona de uma vendinha. Parece ser uma bruxa qualquer, mas ela é bem poderosa. As mulheres nesse filme são superpoderosas. Até a governanta, que não fala nada, mas saca tudo!

Os homens são infantilizados e as mulheres são adultas. É por conta delas que tudo acontece, elas que são as responsáveis. Eles são eternos garotos, mesmo sendo reis, guerreiros etc. É o famoso "ela tem 12 anos, mas já sabe o que está fazendo" *versus* "ele tem 40 anos, mas é muito imaturo". Essa ideia está muito próxima da lógica meritocrática que faz com que Merida, sozinha, rompa todas as expectativas sobre ela, mude a lógica de todo um reino, enfrente sua mãe, seu pai, um urso, outro urso, ache uma feiticeira e descubra como salvar o reino. É como se nos dissessem: "Você não é valente como a Valente? Então, aceite as regras, ou as rompa sem nenhuma rede de apoio e de cuidado; tudo sozinha. Ou se case".

Os contos mais antigos colocam no homem a sua salvação e os contos mais modernos colocam em você a responsabilidade de ser a heroína. Ser a heroína da sua própria história parece algo libertador, mas nos soa absolutamente meritocrático. Você é a sua heroína à medida que rompe com suas redes, em que trilha o seu caminho sozinha e, ao se tornar independente e dona do seu nariz, não vai se relacionar afetivamente, construindo sozinha sua própria história. Ou o par romântico é o salvador, ou não existe. Não é possível você ser ao mesmo tempo poderosa, heroína e amada romanticamente por alguém; é uma coisa ou outra. Muitas vezes, nos jogos do Atreva-se, nos perguntam "mas vocês conseguiram se casar?". É aí que percebemos que somos lidas como "poderosas". A resposta sempre vem apoiada em bell hooks: o amor é uma construção, uma escolha, uma atitude. Se for assim, é possível casar. E isso não tem nada a ver com o "ficar na 'prateleira do amor'"[33] da Valeska Zanello e esperar ser escolhida por um príncipe encantado que não existe.

Na vida real

Esse pai da Merida nós conhecemos bem. É o pai de instagram, o cara que tira foto no final de semana, que leva a filha para tomar sorvete. Aí, a filha volta doente e quem cuida é a mãe.

Mas vamos falar da meritocracia.

Em determinado momento a indústria entende que precisa atender a um público que não quer que as meninas, suas filhas, tenham uma identificação tão profunda com essa coisa do amor romântico. O patriarcado capitalista exige mais uma coisa das garotas agora: elas precisam aprender o valor de empreender. Como já dissemos aqui, o capitalismo não tem ideologia, precisa fazer a máquina girar e, para isso, não pode parecer obsoleto, antiquado.

"Ah, não é mais para casar? Então, bora empreender!"

A Valente é essa pessoa que, mesmo contra todas as adversidades, consegue fazer tudo sozinha. Negar seu destino, buscar uma alternativa, se dar mal, consertar o que fez, unir a família, romper as lógicas vigentes e mudar o mundo. Sozinha.

O que estão dizendo para gente? Que se nós não conseguirmos sozinhas, é melhor não fazermos. É melhor casar com um daqueles homens bem bobos, o que sobra para você é aquele bobão, a não ser que você consiga romper com tudo SOZINHA.

---

33 "Livro 'A prateleira do amor' é uma chave de compreensão para as relações amorosas", por Maria Cristina Mello para a **Gazeta da Semana** (12 nov. 2022). Disponível em: https://gazetadasemana.com.br/noticia/93120/livro-a-prateleira-do-amor-e-uma-chave-de-compreensao-para-as-relacoes-amorosas. Acesso em: 15 maio 2023.

Se você não consegue atravessar o pântano e transformar a sua mãe que virou um urso em sua mãe de novo, se não consegue manipular as magias, decifrar os enigmas, enfrentar todos os seus medos, correr o risco de não ser mais amada pelos seus, se você não der conta, é melhor você casar com um daqueles bobos, porque o sonho não vai acontecer. E quantas mulheres incríveis a gente não encontra com homens medíocres? O contrário também existe? Sim, mas é tão raro, podemos dizer que quando acontece é azar mesmo, não é sistêmico.

Em uma escola em que estivemos, a professora nos mandou a devolutiva dos alunos. Noventa por cento acharam a atividade importante, relevante, mas alguns deles disseram "ah, acho que faltou o outro lado da história, a narrativa única é muito perigosa". De cara demos risada com esse posicionamento por nos parecer absurdo, mas rapidamente percebemos como o pensamento colonizador opera, cooptando expressões, sentidos, ferramentas que nasceram com o objetivo de combater o pensamento hegemônico e usando-os como se fossem deles.

Esse menino, que era branco, usou um conceito da escritora Chimamanda Ngozi Adichie, "o perigo de uma história única", e empregou para dizer que éramos nós que estávamos fazendo aquilo, e não que a história única quem conta é essa indústria. E o que estávamos tentando fazer lá era justamente ampliar as narrativas! Essas histórias mais modernas fazem exatamente a mesma coisa, pegam conceitos forjados na luta, como representatividade, empoderamento, autonomia, e transformam em produto, esvaziando completamente os seus sentidos originais.

O patriarcado não é algo que acontece apartado de nós. Vivemos em uma relação simbiótica: o patriarcado nos molda à medida que o moldamos também. O patriarcado depende do nosso apoio, depende que digamos "Talvez a matemática não seja para você", "Se você for muito inteligente não vai arrumar namorado", "Que sorte você tem de ter um marido que te ajuda", "Cuidado para não perder esse marido, você não vai achar outro" e por aí vai. A gente se acostuma com mulheres que se rebaixam socialmente para se tornarem interessantes para os homens e para terem assunto com as amigas que também foram socializadas para agirem da mesma forma. Essa maneira de existir está nas músicas, nas novelas, na internet, nas redes sociais, no cinema, nos livros, em tudo quanto é lugar.

Os filmes das princesas são especialmente cruéis nesse sentido. As princesas autônomas, fortes e potentes ficam sozinhas, porque ou o relacionamento é violento e essas mulheres não suportam ou simplesmente não existe um relacionamento. Então, caso você queira se relacionar com alguém, você não pode ser autônoma. Ou você tem um relacionamento ou tem sua autonomia.

A Elsa, para ser feliz, constrói o seu próprio castelo de gelo e vai viver nele sozinha. Não existe um relacionamento possível para Moana, nem para Merida. A Fiona precisa se manter como ogra para o Shrek suportá-la. Não é coincidência. É um projeto!

moana — ou o triunfo da meritocracia

A Moana é de um povo que vive em uma ilha, mas que não sai para o mar. Ainda bebê, a avó vê quando o mar entrega para ela um amuleto, e ajuda ela a não se afogar. Quando ela cresce, começa a conhecer as lendas sobre os perigos do mar e sobre como a ilha está ameaçada por um mal que está deixando todos sem comida. Ela acha que devem voltar a ir além do recife, para buscar comida e a solução para o mal, mas ninguém apoia ela, inclusive o pai fica bravo com a ideia da menina.

A avó fica doente e, quando está morrendo, devolve o amuleto para a menina, explica que ela deve devolver ele para uma deusa, que é ela que está trazendo o mal para ilha. Ela decide fazer isso sozinha já que ninguém acredita nela.

Descobre uma caverna cheia de barcos que eram dos povos antigos, pega um para ela e segue para o mar com a missão, mas antes ela encontra um semideus, o Maui. Esse cara não é muito legal com ela, ele se acha o maioral e não dá bola para a Moana, só quer usar dela e de seu barco para sair da ilha onde ele estava preso e recuperar o seu mágico anzol.

Contrariado, mas obrigado pelo mar, ele ensina a Moana a navegar, vão atrás do anzol, recuperam ele de um caranguejo e partem para encontrar a deusa e devolver o amuleto, que na verdade é o coração da deusa e foi o Maui que tinha roubado. Chegando na deusa, ela é feita de lava e está muito brava, principalmente quando vê o semideus ladrão. O Maui tenta de tudo, mas não consegue se aproximar, o seu anzol mágico quebra e ele decide ir embora e abandonar a Moana na missão. A Moana não desiste, faz um plano e, quando começa a tentar se aproximar da deusa de novo, Maui reaparece e ajuda. Mas é ela que consegue acalmar a deusa, e devolver o coração... quando a deusa percebe, deixa ela se aproximar. E, assim, a vida da ilha da família dela volta a ser farta, o pai agora tem orgulho da filha e eles voltam a navegar como antes.

O filme é bonito, inspirador como um conto de fadas, mesmo sem príncipe, mas o fato de a Moana ter que fazer a viagem sozinha, sem um adulto, me incomoda mesmo no filme, me pareceu que ela estava sendo abandonada. A única pessoa que parecia ser mais próxima dela morre, e o único adulto que ela tem junto não pode confiar, afinal o semideus é péssimo, egoísta e interesseiro... mas o colocam como legalzão e engraçado.

Do outro lado tem a deusa que perde o coração, é uma mulher enfurecida por ter sido roubada... sem coração ela vira lava e perigo. Talvez o que salve aqui é uma menina salvando a figura da mulher, mas parece ser só uma maneira de amenizar os tantos problemas do filme.

LICA, 41 ANOS

Comecei a assistir à Moana *com a minha sobrinha mais velha, quando ela tinha uns 4 anos. Hoje ela tem quase 8. Adoramos as músicas, o visual, cantamos de nos esgoelar e ela faz as coreografias. Detestamos aqueles cocos malucos, ela ri do galo e eu simplesmente não compreendo esse bicho.*

Fico especialmente emocionada quando a Te Fiti renasce. É tão linda a cena, ela reflorescendo... Mas, com a idade que eu tenho, a bagagem de leituras feministas e o contato com o Movimento Atreva-se, é impossível Moana *— o filme, não a pobre menina — sair imune de um escrutínio rigoroso.*

É bonita a coisa de o saber ancestral guardado pela anciã daquela sociedade ser passado para a criança destemida. As mulheres cuidam, as mulheres guardam, acumulam. Tem vezes que é saber, mas línguas afiadas podem chamar de quinquilharias também. Até aí, novidade nenhuma.

Ruim é o Maui. O vaidoso Maui, personagem masculino. Ele não é o protagonista, mas é o centro da história. Por capricho dele (roubar o coração de Te Fiti), acontece a grande treta e todo o enredo se desenrola. E pelo querer dele (aceitar ajudar Moana), tudo é resolvido. E ele ainda se dá bem no final, porque recupera sua essência.

O filme é todo feminino: a avó anciã guardiã do saber, a menina aventureira visionária heroína, a deusa que seca e floresce, tira e dá a vida. Mas tudo se dá em torno de um homem. No fim, Maui é que tem o poder de conduzir a história, de definir destinos. O filme roda, roda e não sai do mesmo lugar: o centro tá na figura masculina. Os roteiristas, coitados, são cachorros correndo atrás do próprio rabo.

Olhando bem pra Te Fiti, a gente consegue chegar até no Freud. Ela tá seca, tem raiva, solta fogo pelas ventas, é incontrolável. Tudo porque lhe falta algo. Seu "coração". Freud diria que é o falo. E quase é mesmo, porque a Moana só consegue devolver o coração pra Te Fiti quando o Maui, o homem, aquele que tem o falo que nos falta, leva a menina até lá. E é só depois que Te Fiti é preenchida, que o lugar vazio no seu coração é ocupado, que ela renasce e floresce e se acalma e se dociliza e recupera seu posto de deusa imaculada. Seria essa também uma metáfora para os relacionamentos, para o amor? Só vivemos em um estado saudável se amamos e somos amadas? Lembra as alcunhas de mal-amada e malcomida comumente atribuídas às mulheres que não se submetem, que subvertem a ordem.

Minha sobrinha teve festa de aniversário da Moana e atualmente já tem outros interesses. Ela não vê nada disso que acabei de falar. Mas as ideias estão todas lá, tanto que ela adora o Maui,

acha ele engraçado até. Se convidar e oferecer pipoca, é capaz de ela topar assistir ao filme mais uma vez. Quem sabe eu não faço isso e começo a colocar uns pingos que estão faltando em alguns is?

LUCIANA FIGUEIREDO, 44 ANOS

Nossa leitura

A Moana é uma menina polinésia. É uma menina muito legal, muito bonita, muito aventureira, muito ousada e muito desobediente, teimosa e perseverante. Ela tem um bustiê maravilhoso, um cabelo lindo e ela canta!

Ela tem uma avó muito legal, uma sábia que é tida como louca, senil. Tem uma família muito estruturada, e seu pai é o líder da ilha que habitam. Nessa ilha tem uma regra que precisa ser respeitada, as pessoas não podem sair de lá, não podem velejar. Essa regra existe por causa do medo. Seu pai perdeu um amigo muito querido no mar e, por medo de perder mais pessoas queridas, não permite que ninguém na ilha navegue.

Mas a Moana é uma menina que quer navegar, que ouve o chamado do Oceano, que sabe que precisa seguir os seus instintos e a sua vocação. Um dia, ela descobre que seu povo é navegador. A avó dela confirma e diz:

— Olha, você não vai contar para ninguém que eu contei, mas você tem razão, o nosso povo é um povo navegador.

O que a avó quer dizer é que navegar é o devir desse povo, que é o modo que esse povo tem de existir. Se abrir mão disso, esse povo vai sucumbir, alvo de uma maldição. No leito de morte, a avó conta à Moana sobre a maldição, que é a razão por que as árvores estão morrendo, e que a forma de libertar a ilha é ela navegar em busca de uma joia roubada e ainda convencer um semideus chatíssimo a acompanhá-la nessa missão.

Moana decide que vai navegar mesmo sem o apoio de ninguém, mesmo todo mundo a considerando uma menina teimosa, mesmo arriscando romper a rede de afetos que a protege, mesmo se colocando em risco, mesmo enfrentando o seu pai. Mais um belo exemplo de meritocracia!

E assim, um dia ela sai escondida, com uma galinha sem graça e um porquinho como companheiros. Ela encontra o tal semideus no caminho — que é um típico machão, inoportuno, folgado e egocêntrico — que vai com ela nessa jornada. Ela enfrenta tudo o que tem que enfrentar, sai vitoriosa e, finalmente, é celebrada entre os seus.

Na vida real

Com o filme *Moana,* os Estúdios Disney estão dizendo para as nossas crianças o que é “meritocracia”:

— Pegue você a sua própria jangada e a sua amiga galinha, e vá para o mar. Se você quiser muito, muito mesmo, um deus, mesmo insuportável, vai te ajudar e você vai salvar sozinha toda a sua comunidade.

O que nos contam do filme é que ela enfrentou tudo sozinha, que é uma menina corajosa e destemida por ter encarado a sua jornada individual — muito próxima da Jornada do Herói, recurso apresentado pelo mitólogo Joseph Campbell e usado tanto de base de roteiros famosos, como o de Star Wars,[34] como para vender cursos de técnicas de *storytelling*[35] para alavancar seu sucesso. O fato é que, durante todo o tempo, o que vemos é que Moana está acompanhada por um homem.

Primeiro é o pai e seu medo regulador da comunidade. Um medo que gera uma regra que ninguém questiona, cujo absurdo ninguém é capaz de apontar, nem a avó guardiã do saber. O patriarca e seu medo incapacitante são mais legítimos. Depois é Maui. Chato e semideus, porém um homem. Nem na ficção, nem na imaginação, nem na fantasia é possível uma menina estar só, o patriarcado sempre está contra ela. E, mesmo acompanhada pelo patriarcado, ela precisa romper sozinha todos os sistemas com que ela foi criada até agora. Precisa romper todas as lógicas de afeto e de segurança. Mas, no final, ela é acolhida e compreendida por sua comunidade, a mesma que a deixou sozinha.

Imagina a beleza que seria se, em um ritual, a comunidade percebesse a importância de voltarem para o mar e de proteger a Moana, porque só através daquela criança aquele retorno seria possível. Mas não. No filme, a menina sai e fica todo mundo na areia repetindo "Meu Deus, meu Deus, ela vai morrer!", e ninguém vai ao mar para protegê-la. Ninguém se responsabiliza por ela. A sua comunidade a abandona, mesmo

---

34 "Como Star Wars influenciou a cultura pop a partir da Jornada do Herói", por Higor A. Oliveira para o **Portal Cinerama**. Disponível em: https://portalcinerama.com.br/como-star-wars-influenciou-a-cultura-pop-a-partir-da-jornada-do-heroi/. Acesso em: 15 maio 2023.

35 "Jornada do herói: os passos para um material que realmente vende", no blog da **Rockcontent** (12 set. 2020). https://rockcontent.com/br/blog/jornada-do-heroi/. Acesso em: 15 maio 2023.

que ela esteja se colocando em risco para salvar essa mesma comunidade, essas mesmas *pessoas que lhe viraram as costas.*

Uma vez, quando fomos jogar o "Nomear para combater" em um lugar notadamente bolsonarista, um professor questionou: "Vocês vão entrar sozinhas?". "Não", respondemos, "você vai entrar com a gente, já que sabe que eles são perigosos e arrogantes. Você vai ajudar a viabilizar a atividade, não é? Porque essa ação importa para você e você não quer que a gente desista, certo?". É assim que a gente faz: responsabiliza o indivíduo pela sua participação no coletivo. Às vezes, funciona.

e agora, não posso mais gostar das princesas? pode, só cuidado com os príncipes!

Uma das coisas mais evidentes nas princesas é o quanto as suas histórias são parecidas, não é? Sempre tem uma mãe morta ou um pai ausente, um homem salvador ou um bate-papo com um ratinho, um passarinho, um bule. Como você pode ter percebido, muitos aspectos se repetem, o que provoca um inevitável diálogo entre os contos/filmes.

Um dos elementos mais relevantes nos contos de fadas é a magia, seja com unguentos, seja com a aparição de seres mágicos, com venenos poderosos ou maldições e pragas. Normalmente, aparece uma feiticeira ou uma madrasta (que na verdade é uma bruxa má) que tem o controle sobre os espíritos mágicos. Essa prática é vista como magia para não ser vista como sagrada, e é destituída da dimensão de comum — isso quando a cultura é europeia, medieval.

Agora, quando a cultura retratada é africana ou latino-americana a coisa muda de figura. Em *A princesa e o sapo*, o vilão é escancaradamente um sacerdote vodu, ele conversa com demônios e é capaz das maiores atrocidades. No filme *Valente*, que se passa no período medieval, não tem nenhum cristão destilando ódio e queimando pessoas em fogueiras. Faz parecer que a religião do colonizador não é capaz de barbaridades. Agora, o vodu, o candomblé, sim, são práticas associadas aos demônios. A igreja católica, não. Aquela religião precisa ser apresentada como primitiva porque, nessa condição, é colonizável, moldável. Mesmo que conheçamos as barbaridades que ainda são cometidas em nome da fé cristã e das famílias "de bem". Demoniza-se a religião de matriz africana para não ser preciso atuar sobre a violência das religiões cristãs, principalmente as neopentecostais.

A imagem da "pessoa de bem" está associada ao cristianismo. Filmes como *A princesa e o sapo* ajudam a desumanizar,

desritualizar e dessacralizar religiões de resistência, e um dos preços pagos por essa abordagem invadindo o imaginário do público é que a mãe de santo perde o direito de praticar a religião dela aqui ao nosso lado, sem que isso tenha uma conotação de algo perigoso e colado ao mal.

O vereador Renato Freitas, de Curitiba, entrou com doze pessoas pretas numa igreja de Florianópolis em um ato de protesto[36] para pedir ao padre que rezasse uma missa para o congolês Moïse Kabagambe, que havia sido brutalmente assassinado em um quiosque no Rio de Janeiro. O padre e a comunidade branca de Florianópolis entenderam que aquilo era uma invasão e fizeram uma denúncia, como se o vereador e o grupo estivessem fazendo algo muito perigoso.

Eles estavam na igreja N. Sra. do Rosário dos Pretos — teoricamente, o lugar a eles designado justamente pela igreja católica, veja a perversidade — protestando contra uma morte brutal, pedindo uma missa pela alma do assassinado, e foram tidos como perigosos. O padre reconheceu que tinha perdido a mão,

---

36 "Renato Freitas: entenda a cronologia do caso sobre a cassação do vereador em Curitiba", por Natalia Filippin para o **G1 PR** (5 jul. 2022). Disponível em: https://g1.globo.com/pr/parana/noticia/2022/07/05/renato-freitas-entenda-a-cronologia-do-caso-sobre-a-cassacao-do-vereador-em-curitiba.ghtml. Acesso em: 15 maio 2022.

mesmo assim o vereador foi condenado e perdeu o mandato, que só foi recuperado por conta de muita, muita luta. Apenas porque Renato Freitas ousou protestar por justiça para corpos pretos e o fez em uma igreja. Na igreja N. Sra. do Rosário dos Pretos. O "lugar de preto" afinal não é lá. O "lugar de preto" é aquele marcado pela violência e, portanto, a manifestação da religiosidade "de preto" é violenta.

Há uma infinidade de camadas de leitura nesse e em outros casos. A mesma coisa que aconteceu, por exemplo, alguns anos atrás, quando surgiram os chamados rolezinhos de shopping.[37] O passeio dos jovens pretos era tido como uma invasão. Os seguranças dos shopping centers ficaram tensos, estavam chamando aquilo de *arrastão* porque eram jovens pretos que integravam os grupos. Se entrassem cinquenta jovens brancos não haveria problema.

Macumba, assim como a liturgia católica, é você dar para um signo um outro signo espiritual e atuar sobre aquilo. São lógicas muito parecidas. Só que uma é lida como liturgia, a que coloniza. E a outra, como feitiçaria, "coisa de preto", a que sofre a tentativa de ser dizimada pela colonização. As religiões não são iguais, umas servem para colonizar e outras para resistir à colonização.

Andando ao lado da magia está o sagrado. Só que, nos filmes de princesas, o sagrado é retirado da dimensão do comum e ironicamente serve a uma lógica bastante neopentecostal, a da salvação individual. O sagrado exige uma comunidade. Sidarta Ribeiro conta, em *O oráculo da noite*, que os sonhos sempre

---

37 "Conheça a história dos 'rolezinhos' em São Paulo", em **G1 SP** (14 jan. 2014). Disponível em: https://g1.globo.com/sao-paulo/noticia/2014/01/conheca-historia-dos-rolezinhos-em-sao-paulo.html. Acesso em: 8 jun. 2023.

foram manifestações coletivas. Agora, na contemporaneidade, os sonhos ganharam dimensões individuais, mas os sonhos eram representações coletivas. Em muitas aldeias dos povos originários e na Grécia Antiga, se você tivesse um sonho premonitório, ou que parecesse premonitório, você tinha que contá-lo em praça pública. Aquilo era do interesse comum, afinal. Só que o patriarcado capitalista não dá conta do que é comum, e constrói, muito com a ajuda dessas histórias de princesas, uma lógica do sagrado individual, sem a dimensão de comunidade.

Em *A princesa e o sapo*, por exemplo, não existe o campo da comunidade. Ela é uma feiticeira e ele é um feiticeiro. Mas eles não são tratados como religiosos, são tratados como gente perigosa porque têm contato com o outro mundo, o mundo dos espíritos. Essa narrativa está muito próxima da narrativa das mulheres feiticeiras perseguidas na Idade Média. Então, mulheres foram assassinadas na fogueira por trezentos anos com a intenção de destituir aquele saber comum, comunitário.

Calibã e a bruxa, da já citada Silvia Federici, fala exatamente sobre como o patriarcado se manteve e se aprofundou muito durante a Idade Média. Uma das ferramentas foi a aniquilação do que era tido como "um poder das mulheres", prática que foi crescendo em proporções geométricas até que qualquer menção à magia não oferecesse mais riscos estruturais e pudesse passar a ser tratado como pequenos truques, dons individuais. Assim, o jogo de tarô, o mapa astral, o patuá, a numerologia, saberes dominados por mulheres, são reduzidos a fins individuais, para a busca do autoconhecimento, perdendo sua função dentro da comunidade.

Nessa configuração, o mundo autoriza a mulher a até buscar aquilo que é do interesse só dela, que ela pensa que "a define", para que ela construa algo de importante para ela. Aí, é possível fazer uma roda de sagrado feminino só com mulheres brancas para louvar "as nossas ancestrais", sem considerar que ancestrais brancas e colonizadoras não estão merecendo ser muito louvadas, não. O que é diametralmente oposto às rodas de cuidado entre as mulheres que acontecem nas periferias e revelam o quanto mulheres que são lidas como cuidadoras, que são as que assumem a terceirização dos serviços de cuidado e criam filhos das mulheres brancas. Quando essas mulheres periféricas cuidam de si, e são legitimadas politicamente, o mundo muda, porque, ao cuidarem de si e umas das outras, e serem legitimadas nesse cuidado, considerando que estão fazendo isso há séculos, elas quebram um ciclo imposto pelo patriarcado capitalista, que é branco.

Uma roda de mulheres periféricas, que são mulheres constituídas sem a sua condição de sujeito, feitas para trabalhar no cuidado do outro, é revolucionária. Enquanto a branquitude, que é colonizadora, se apropria da roda, rouba a potência de sentar em roda, rouba a potência de mulheres pretas louvarem as suas ancestrais, e transforma essa vivência em produto e indicativo de espiritualidade.

Se traçarmos uma linha do tempo temática dos contos de fadas, vamos ver que saímos do amor romântico, passamos pela meritocracia e chegamos ao momento das histórias decoloniais, como o *Encanto*, que acompanha uma família colombiana. Por que é importante que essas histórias estejam nos cinemas? Porque a Bienal de Arte está falando disso — basta lembrar da edição "Faz escuro mas eu canto", de 2021,[38] que segundo o projeto curatorial pretendia "ampliar a mostra, multiplicando as

---

38 Mais sobre essa edição da Bienal de Arte está disponível em: http://34.bienal.org.br/post/7510. Acesso em: 15 maio 2023.

oportunidades de encontro com a arte e reivindicando, ao mesmo tempo, o direito à opacidade tanto das expressões artísticas quanto das identidades de sujeitos e grupos sociais". As universidades estão falando disso, o teatro, a música, a filosofia. Existem frestas — ainda bem! — e existe quem crie os próprios meios de resistir. Dentre as produções teatrais mais recentes estão a ópera *O Guarani*, pela primeira vez dirigida por um indígena,[39] o filósofo Ailton Krenak, e o *Manifesto transpofágico*,[40] com a atriz Renata Carvalho. Todo mundo está falando disso porque é importante falar disso, pela potência e resistência dos que se comprometem com as frestas.

No entanto, não podemos relaxar, o capitalismo patriarcal colonial coopta o que temos de mais potente e revolucionário, transforma em um filme "cuja protagonista é uma heroína autônoma e independente", como é o caso de *Valente*, ou "que retrata a família latino-americana numa família colombiana", como é o caso do *Encanto*, mas ainda dominando os meios de produção. Então, o capitalismo patriarcal colonial não está se redimindo, não está melhorando, está é ampliando o leque de controle — até porque se o capitalismo patriarcal colonial se redimisse, deixaria de ser capitalismo patriarcal colonial para ser outra coisa. Veja: o que vem de quem controla nunca será revolucionário.

Se o princípio é o controle, para mantê-lo essa ideologia capitalista vigente precisa mudar a narrativa. Senão, fica obsoleto

---

39 "'O Guarani' volta ao Municipal de SP com concepção de Ailton Krenak", por Mariana Rosário para **O Globo** (12 maio 2023). Disponível em: https://oglobo.globo.com/cultura/musica/noticia/2023/05/o-guarani-volta-ao-municipal-de-sp-com-concepcao-de-ailton-krenak.ghtml. Acesso em: 15 maio 2023.

40 "Renata Carvalho estreia 'Manifesto transpofágico' no Teatro Firjan", por Robson Bonin para a coluna Radar da **Veja** (12 abr. 2023). Disponível em: https://veja.abril.com.br/coluna/radar/renata-carvalho-estreia-manifesto-transpofagico-no-teatro-firjan/. Acesso em: 15 maio 2023.

e o controle é perdido. Um exemplo simples: hoje, um professor não usa mais palmatória. É um avanço? Óbvio. Significa que há uma ausência de controle? Não! As ferramentas de controle mudam justamente para garantir o controle.

Então, não dá mais para contar a história da Cinderela? Não dá mais. Vão de Merida, vão de Moana, vão de Elsa. Não dá mais para ser só sob o ponto de vista estadunidense? Vão de Colômbia com a Família Madrigal em *Encanto*, de China com a Meilin em *Red: Crescer é uma fera*, de Maisie e a desconstrução da violência num reino marítimo em *A fera do mar* e o que mais for preciso para parecer que estão atuando contra a lógica sistêmica.

Mas nós, do Atreva-se, não acreditamos que quem se beneficia do patriarcado capitalista, como a indústria do entretenimento, tenha interesse em combatê-lo. Por isso insistimos teimosamente, costurando redes. Para manter a fresta onde vamos atuar. Seguimos, então, inspiradas na Nise da Silveira, que diz que "para navegar contra a corrente são necessárias condições raras: espírito de aventura, coragem, perseverança e paixão".

para ajudar a reconhecer os dispositivos patriarcais

Lendo

1. *O segundo sexo*, de Simone de Beauvoir (Nova Fronteira, 3ª edição, 2016)
2. *Mulheres, raça e classe*, de Angela Davis (Boitempo, 2016)
3. *O genocídio do negro brasileiro: Processo de um racismo mascarado*, de Abdias Nascimento (Perspectiva, 2017)
4. *Problemas de gênero: Feminismo e subversão da identidade*, de Judith Butler (Civilização Brasileira, 2015)
5. *Eu sou atlântica: Sobre a trajetória de vida de Beatriz Nascimento*, de Alex Ratts (Imprensa Oficial, 2007)
6. *Para educar crianças feministas: Um manifesto*, de Chimamanda Ngozi Adichie (Companhia das Letras, 2017)
7. *Sejamos todos feministas*, de Chimamanda Ngozi Adichie (Companhia das Letras, 2015)
8. *Mulheres, cultura e política*, de Angela Davis (Boitempo, 2017)
9. *Os homens explicam tudo para mim*, de Rebecca Solnit (Cultrix, 2017)
10. *A mãe de todas as perguntas: Reflexões sobre os novos feminismos*, de Rebecca Solnit (Companhia das Letras, 2017)
11. *Quarto de despejo: Diário de uma favelada*, de Carolina Maria de Jesus (Ática, 2014)
12. *Gênero, sexualidade e educação: Uma perspectiva pós-estruturalista*, de Guacira Lopes Louro (Vozes, 1997)

13. *O corpo educado: Pedagogias da sexualidade*, organização de Guacira Lopes Louro (Autêntica, 2018)
14. *Ensinando a transgredir: A educação como prática da liberdade*, de bell hooks (WMF Martins Fontes, 2017)
15. *Calibã e a bruxa: Mulheres, corpo e acumulação primitiva*, de Silvia Federici (Elefante, 2017)
16. *Relatar a si mesmo: Crítica da violência ética*, de Judith Butler (Autêntica, 2015)
17. *Lugar de fala*, de Djamila Ribeiro (Jandaíra, 2019)
18. *Lugar de mulher: Feminismo e política no Brasil*, organização de Lívia Magalhães (Oficina de Raquel, 2017)
19. *A liberdade é uma luta constante*, de Angela Davis (Boitempo, 2018)
20. *Gênero e desigualdades: Limites da democracia no Brasil*, de Flávia Biroli (Boitempo, 2018)
21. *Racismo, sexismo e desigualdade no Brasil*, de Sueli Carneiro (Selo Negro Edições, 2011)
22. *Encarceramento em massa*, de Juliana Borges (Jandaíra, 2019)
23. *Interseccionalidade*, de Carla Akotirene (Jandaíra, 2022)
24. *Do que estamos falando quando falamos de estupro*, de Sohaila Abdulali (Vestígio, 2019)
25. *O feminismo é para todo mundo: Políticas arrebatadoras*, de bell hooks (Rosa dos Tempos, 2018)
26. *O ponto zero da revolução: Trabalho doméstico, reprodução e luta feminista*, de Silvia Federici (Elefante, 2019)
27. *A queda do céu: Palavras de um xamã yanomami*, de Davi Kopenawa e Bruce Albert (Companhia das Letras, 2015)
28. *A política sexual da carne: Uma teoria feminista-vegetariana*, de Carol J. Adams (Alaúde, 2018)
29. *Profissões para mulheres e outros artigos feministas*, de Virginia Woolf (L&PM Pocket, 2012)

30. *Estarão as prisões obsoletas?*, de Angela Davis (Bertrand Brasil, 2018)
31. *Parceiros da exclusão*, de Mariana Fix (Boitempo, 2001)
32. *Holocausto brasileiro: Genocídio: 60 mil mortos no maior hospício do Brasil*, de Daniela Arbex (Intrínseca, 2013)
33. *Memórias da plantação: Episódios de racismo cotidiano*, de Grada Kilomba (Cobogó, 2019)
34. *Pensamento feminista negro: Conhecimento, consciência e a política do empoderamento*, de Patricia Hill Collins (Boitempo, 2019)
35. *Necropolítica*, de Achille Mbembe (N-1 Edições, 2018)
36. *Transfeminismo: Teorias e práticas*, de Jaqueline Gomes de Jesus e colaboradores (Metanoia, 2015)
37. *Gênero em termos reais*, de Raewyn Connell (nVersos, 2016)
38. *O cálice e a espada: Nosso passado, nosso futuro*, de Riane Eisler (Palas Athena, 2008)
39. *Becos da memória*, de Conceição Evaristo (Pallas, 2017)
40. *Olhos d'água*, de Conceição Evaristo (Pallas, 2015)
41. *Insubmissas lágrimas de mulheres*, de Conceição Evaristo (Malê, 2016)
42. *Histórias de leves enganos e parecenças*, de Conceição Evaristo (Malê, 2016)
44. *A criação do patriarcado: História da opressão das mulheres pelos homens*, de Gerda Lerner (Cultrix, 2019)
45. *Pele negra, máscaras brancas*, de Frantz Fanon (Ubu, 2020)
46. *O lado invisível da economia: Uma visão feminista do capitalismo*, de Katrine Marçal (Alaúde, 2022)
47. *Teoria Feminista: Da margem ao centro*, de bell hooks (Perspectiva, 2019)
48. *Por um feminismo afro-latino-americano*, de Lélia Gonzalez, organizado por Flavia Rios e Marcia Lima (Zahar, 2020)

49. *Buscar indícios, construir sentidos*, de Graciela Montes (Solisluna, 2020)
50. *Fome: Uma autobiografia do (meu) corpo*, de Roxane Gay (Globo Livros, 2017)
51. *Um feminismo decolonial*, de Françoise Vergès (Ubu, 2020)
52. *Dororidade*, de Vilma Piedade (Nós, 2017)
53. *Coleção Sambas Escritos* (4 títulos), de Carmen Faustino, Maitê Freitas e Patrícia Vaz (Jandaíra, 2018)
54. *Inovação ancestral de mulheres negras: Táticas e políticas do cotidiano*, organização de Bianca Santana (Oralituras, 2019)
55. *O local da cultura*, de Homi K. Bhabha (Editora UFMG, 2013)
56. *Origens do totalitarismo: Antissemitismo, imperialismo, totalitarismo*, de Hannah Arendt (Companhia das Letras, 2013)
57. *Vestígios: Epifanias e individuações*, de Amnéris Maroni (Intermeios, 2020)
58. *Sobre-Viventes!*, de Cidinha da Silva (Pallas, 2021)
59. *O hospício é Deus: Diário 1*, de Maura Lopes Cançado (Autêntica, 2015)
60. *O homem azul do deserto*, de Cidinha da Silva (Malê, 2018)
61. *Os donos da terra*, de Daniela Fernandes Alarcon, Vitor Flynn Paciornik e Glicéria Jesus da Silva (Elefante, 2020)
62. *Amada*, de Toni Morrison (Companhia das Letras, 2007)
63. *Teoria King Kong*, de Virginie Despentes (N-1 Edições, 2016)
64. *Tetã Tekoha: Ẽg Tỹ, Ẽg Jykre Tó, Vẽsóg Ki*, de Alexandro da Silva Nhandewa, Ana Lúcia Ortiz Martins Kunhã Yvoty, Débora Silva, Felipe Zamboni, Jaqueline de Paula Sabino, Rodrigo Luís Tupã, Tiago Pyn Tánh de Almeida, Uerique Gabriel Matias, Valéria Lourenço Jacintho, Yago Junio dos Santos Queiroz (Jandaíra, 2020)
65. *Feminismo camponês popular: Reflexões a partir de experiências de mulheres camponesas*, do coletivo de militantes

pesquisadoras do Movimento de Mulheres Camponesas (Expressão Popular, 2020)

66. *Mulheres livres: A luta pela emancipação feminina e a Guerra Civil Espanhola*, de Martha A. Ackelsberg (Elefante, 2019)
67. *Ser prazeres: Transbordações eróticas de mulheres negras*, organização de Carmen Faustino (Oralituras, 2020)
68. *Pedagogia das encruzilhadas*, de Luiz Rufino (Mórula, 2019)
69. *Torto arado*, de Itamar Vieira Junior (Todavia, 2109)
70. *Vozes insurgentes de mulheres negras*, organização de Bianca Santana (Oralituras, 2019)
71. *Um defeito de cor*, de Ana Maria Gonçalves (Record, 2006)
72. *Continuo preta: A vida de Sueli Carneiro*, de Bianca Santana (Companhia das Letras, 2021)
73. *A vida não é útil*, de Ailton Krenak (Companhia das Letras, 2020)
74. *Nutricionismo*, de Gyorgy Scrinis (Elefante, 2021)
75. *A invenção das mulheres: Construindo um sentido africano para os discursos ocidentais de gênero*, de Oyèrónkẹ Oyěwùmí (Bazar do Tempo, 2021)
76. *Casta: As origens de nosso mal-estar*, de Isabel Wilkerson (Zahar, 2021)
77. *A radical imaginação política das mulheres negras brasileiras*, organização de Ana Carolina Lourenço e Anielle Franco (Oralituras e Fundação Rosa Luxemburgo, 2021)
78. *A vida das plantas: Uma metamorfose da mistura*, de Emanuele Coccia (Cultura e Barbárie, 2018)
79. *O bem viver: Uma oportunidade para imaginar outros mundos*, de Alberto Acosta (Autonomia Literária, 2016)
80. *A experiência Zapatista: Rebeldia, resistência, autonomia*, de Jerome Baschet (N-1 Edições, 2021)
81. *Uma baleia na montanha*, organização de Mariana Lacerda e Peter Pal Pelbart (N-1 Edições, 2021)

82. *Contra a hidra capitalista*, de Subcomandante Insurgente Galeano (antes Marcos) (N-1 Edições, 2021)
83. *Tudo sobre o amor: Novas perspectivas*, de bell hooks (Elefante, 2021)
84. *Formação da culinária brasileira: Escritos sobre a cozinha inzoneira*, de Carlos Alberto Dória (Fósforo, 2021)
85. *Uma teoria feminista da violência*, de Françoise Vergés (Ubu, 2021)
86. *A velhice que eu habito*, de Ivone Gebara (Claraboia, 2021)
87. *A revolução das plantas*, de Stefano Mancuso (Ubu, 2019)
88. *Ana Maria Primavesi: Histórias de vida e agroecologia*, de Virgínia Mendonça Knabben (Expressão Popular, 2017)
89. *Kindred: Laços de sangue*, de Octavia E. Butler (Morro Branco, 2019)
90. *Corpos que importam: Os limites discursivos do "sexo"*, de Judith Butler (N-1 Edições e Crocodilo, 2023)
91. *A cosmopolítica dos animais*, de Juliana Fausto (N-1 Edições, 2022)
92. *Os despossuídos*, de Ursula K. Le Guin (Aleph, 2019)
93. *Afrotopia*, de Felwine Sarr (Antigona, 2022)
94. *A inconstância da alma selvagem*, de Eduardo Viveiros de Castro (Ubu, 2021)
95. *Brutalismo*, de Achille Mbembe (Antigona, 2021)
96. *Cai de boca no meu bucetão: O funk como potência do empoderamento feminino*, de Tamiris Coutinho (Claraboia, 2021)
97. *Mestre das periferias*, de Ailton Krenak, Conceição Evaristo, Nego Bispo e Mariele Franco (Periferias, 2020)
98. *Perder a mãe: Uma jornada rota atlântica da escravidão*, de Saidiya Hartman (Bazar do Tempo, 2021)
99. *Reencantando o mundo: Feminismo e a política dos comuns*, de Silvia Federici (Elefante, 2022)

100. *Ensinando comunidade: Uma pedagogia da esperança*, de bell hooks (Elefante, 2021)
101. *O manifesto das espécies companheiras: Cachorro, pessoas e alteridade significativa*, de Donna Haraway (Bazar do Tempo, 2021)
102. *Contos de uma mulher liberta*, de Natália Domingos (N-1, 2023)
103. *O pacto da branquitude*, de Cida Bento (Companhia das Letras, 2022)

104. *Políticas da inimizade*, de Achille Mbembe (N-1, 2020)
105. *Manifesto transpofágico*, de Renata Carvalho (Monstra, 2022)
106. *Escute as feras*, de Nastassja Martins (Editora 34, 2021)
107. *Entre o passado e o futuro*, de Hannah Arendt (Perspectiva, 2022)
108. *A pediatra*, de Andrea Del Fuego (Companhia das Letras, 2021)
109. *O oráculo da noite: A história e a ciência do sonho*, de Sidarta Ribeiro (Companhia das Letras, 2019)
110. *O manual do sexo anal: Dicas, reflexões, prazeres e condutas do cu*, de Abhiyana (Claraboia, 2021)
111. *Vence-demanda: Educação e descolonização*, de Luiz Rufino (Mórula, 2021)
112. *Ecofeminismo*, de Vandana Shiva e Maria Mies (Luas, 2021)
113. *Viver uma vida feminista*, de Sara Ahmed (Ubu, 2022)
114. *Narrativas de liberdade: Marcha das mulheres negras de São Paulo* (Oralituras, 2021)
115. *Solitária*, de Eliana Alves Cruz (Companhia das Letras, 2022)
116. *Vidas rebeldes, belos experimentos: Histórias íntimas de meninas negras desordeiras, mulheres encrenqueiras e queers radicais*, de Saidiya Hartman (Fósforo, 2022)
117. *Erguer a voz: Pensar como feminista, pensar como negra*, de bell hooks (Elefante, 2019)

118. *O homem pré-histórico também é uma mulher: Uma história da invisibilidade da mulher*, de Marylène Patou Mathis (Rosa dos Tempos, 2022)
119. *Lugar de negro*, de Lélia Gonzalez e Carlos Hasenbalg (Zahar, 2022)
120. *Frantz Fanon e as encruzilhadas*, de Deivison Faustino (Ubu, 2022)
121. *Devir quilomba: Antirracismo, afeto e política nas práticas das mulheres quilombolas*, de Mariléa de Almeida (Elefante, 2022)
123. *Nomear para combater: Uma tentativa de organizar a raiva para virar pensamento*, de Nicole Aun (Claraboia e Selo Atreva-se, 2021)
124. *Uma ecologia decolonial: Pensar a partir do mundo caribenho*, de Malcom Ferdinand (Ubu, 2022)
125. *O Negro visto por ele mesmo*, de Beatriz Nascimento com organização de Alex Rats (Ubu, 2022)
126. *Os condenados da Terra*, de Frantz Fanon (Zahar, 2022)
127. *Um pé na cozinha: Um olhar sócio-histórico para o trabalho de cozinheiras negras no Brasil*, de Taís de Santanna Machado (Fósforo, 2022)
128. *Parelheiros idas e vi(n)das: Ler, viajar e mover-se com uma biblioteca comunitária*, de Bela Santos Mayer (Solisluna, 2021)
129. *Pilar: Futuro presente: Uma antologia para Tula*, textos de Tula Pilar Ferreira, organização Maitê Freitas e Carmem Faustino (Oralituras e Sarau do Binho, 2020)
130. *Rebeliões da senzala: Quilombos, insurreições, guerrilhas*, de Clóvis Moura (Anita Garibaldi, 201).
131. *Estudos da performance, ética e pedagogia: Desconstruindo a lei do pai*, de Juliana Ferrari (Dissertação, UFBA, 2008 UFBA)
132. *Escritos políticos*, de Frantz Fanon (Boitempo, 2021)

133. *Tudo é rio*, de Carla Madeira (Record, 2021)
134. *Arruda e guiné: Resistência negra no Brasil contemporâneo*, de Bianca Santana (Fósforo, 2022)
135. *O sentido da liberdade*, de Angela Davis (Boitempo, 2022)
136. *O avesso da pele*, de Jeferson Tenório (Companhia das Letras, 2022)
137. *O som do rugido da onça*, de Micheliny Verunschk (Companhia das Letras, 2021)

138. *Teologia anticolonial: Caminhos do cristianismo indígena*, de André Muniz Puri (Saber Criativo, 2021)
139. *O lado sombrio dos contos de fadas: A origem sangrenta das histórias infantis*, de Karin Hueck (HarperCollins, 2023)
140. *Pensar nagô*, de Muniz Sodré (Vozes, 2017)
141. *Dispositivo de racialidade: A construção do outro como não ser como fundamento do ser*, de Sueli Carneiro (Zahar, 2023)
142. *Nise da Silveira: Caminhos de uma psiquiatra rebelde*, de Luiz Carlos Mello (Museu Oscar Niemeyer, 2009)
143. *Breve história das artistas mulheres*, de Susie Hodge (Olhares, 2021)
144. *Vigiar e punir*, de Michel Foucault (Vozes, 2014)
145. *A prateleira do amor: Sobre mulheres, homens e relações*, de Valeska Zanello (Appris, 2022)
146. *O oráculo da noite, a história e a ciência do sonho*, de Sidarta Ribeiro (Cia das Letras, 2019)
147. *Mulheres e loucura: Narrativas de resistência*, de Melissa de Oliveira Pereira, (Francisca Julia, 2020)

Ouvindo

Prato Cheio (O Joio e O Trigo)
História Preta, apresentação Thiago André (B9)

Projeto Querino, apresentação Tiago Rogero (Rádio Novelo)
Ciência Suja, apresentação Theo Ruprecht e Thaís Manarini (NAV Reportagens)
Não Inviabilize, apresentação Déia Freitas
Vidas Negras, apresentação Tiago Rogero (Spotify Studios)
Praia dos Ossos (Radio Novelo)
Mano a Mano, apresentação Mano Brown e Semayat Oliveira (Spotify Studios)
Oralituras, apresentação Maitê Freitas e Carmen Faustino (Oralituras Editora)
Lança a Braba, apresentação Andreza Delgado (Lança a Braba)
Vai se Food, apresentação Ailin Aleixo (Vai Se Food)
Justiça em Preto e Branco, apresentação Núcleo de Justiça Racial e Direito da FGV Direito SP (Ampère)
Para Saber Mais, apresentação Simone Preciozo (Para Saber Mais)
Calunguinha (Todo Canto Produções Artísticas e Spotify Studios)
Rádio Novelo Apresenta, apresentação Branca Vianna (Rádio Novelo)
Retrato Narrado: Bolsonaro, apresentação Carol Pires (revista Piauí e Rádio Novelo)
Textos Putos, apresentação Abhiyana
A República das Milícias, apresentação Bruno Paes Manso (Globoplay)
Pelo Avesso (Xirê Podcasts)
Movimento Atreva-se (Movimento Atreva-se)
O Assunto, apresentação Natuza Nery (G1)

Assistindo

Greg News, apresentação Gregório Duvivier (HBO e YouTube)
The Handmaid's Tale, série em seis temporadas

TV Boitempo, canal da Editora Boitempo (YouTube)
Economia com Ju Furno, canal de Ju Furno (YouTube)
Vivieuvi, canal de Vivi Villanova (YouTube)
ICL Notícias, canal de Eduardo Moreira (YouTube)
Chavoso da USP, canal de Thiago Torres (YouTube)
1 Curadorx, 1 hora, canal de Raphael Fonseca (YouTube)
Selvagem: Ciclo de estudos sobre a vida, canal de Anna Dantes, Ailton Krenak e Madeleine Deschamps (YouTube)

Real Corre da Rua, apresentação de João França e Fernanda de Deus (YouTube)

agradecimentos

A cada uma das mulheres do Atreva-se.
Ao Jimmy Wong, pela escuta apurada e constante.
À Andrea Alves, por nos legitimar como educadoras sociais e levar o Atreva-se para lugares nunca imaginados por nós e por dar cada vez mais sentidos ao que fazemos.
Ao Pablo Casella, pela leitura cuidadosa.
À Tainã Bispo, por nos dar chão e claraboia.
À Juliana Ferrari, por nos guiar.
À Luciana Figueiredo, por entender a nossa teimosia.
A cada uma das mulheres que compõem a Rede de Mulheres de Piracaia.
À Jane Casella, que ensina que a luta é todo dia e para sempre.
A Regina Thomé e Renata Aun, por serem bússola e porto.
À Edineide, por ser farol e rezo.
A Maria e Dolores, por terem sido um começo.
À Clelia Rodrigues, por ensinar o cotidiano do coletivo e da resistência.
A Analigia e Elisângela, por ajudarem a equilibrar os sonhos e as práticas.
À Camilla Flores, que nos abriu a possiblidade de levar essas princesas para o palco.
À Maitê Freitas, por ser sempre margem.
À Claudia Zucheratto, por ajudar a tirar as certezas do lugar.

À Thayla Godoy, por sonhar um mundo justo.
À Kiara Terra, por ser ponte.
À Cinthia Albuquerque, por ser escuta e ombro.
A todas as pessoas que nos apoiam com os financiamentos coletivos, sem vocês nossos passos seriam mais curtos!

Esta obra foi composta nas fontes Utopia e Halyard. Impresso pela Meta Brasil em março de 2025 em papel Cartão Supremo 250 g/m² para a capa e Pólen Soft 70g/m² para o miolo.